RAGING RIVERS
BY ANITA GANERI

Text Copyright © Anita Ganeri, 2000
Illustrations Copyright © Mike Phillips, 2000
Translation copyright © Gimm-Young Publishers, Inc., 2001
All rights reserved.

This Korean language edition is published by arrangement with
Scholastic Ltd., London through Eric Yang Agency, Seoul.

강물이 꾸물꾸물

1판 1쇄 인쇄 | 2002. 5. 25.
개정 1판 1쇄 발행 | 2019. 12. 5.

애니타 개너리 글 | 마이크 필립스 그림 | 장연주 옮김

발행처 김영사 | 발행인 고세규
등록번호 제 406-2003-036호 | 등록일자 1979. 5. 17.
주소 경기도 파주시 문발로 197(우10881)
전화 마케팅부 031-955-3100 | 편집부 031-955-3113~20 | 팩스 031-955-3111

값은 표지에 있습니다.
ISBN 78-89-349-9880-8 74080
ISBN 978-89-349-9797-9 (세트)

좋은 독자가 좋은 책을 만듭니다. 김영사는 독자 여러분의 의견에 항상 귀 기울이고 있습니다.
독자의견전화 031-955-3139 | 전자우편 book@gimmyoung.com
홈페이지 www.gimmyoungjr.com | 어린이들의 책놀이터 cafe.naver.com/gimmyoungjr

이 책의 한국어판 저작권은 EYA(Eric Yang Agency)를 통한 Scholastic Limited사와의 독점
계약으로 ㈜김영사에 있습니다.
저작권법에 의해 한국 내에서 보호를 받는 저작물이므로 무단전재와 무단복제를 금합니다.

이 도서의 국립중앙도서관 출판시도서목록(CIP)은 서지정보유통지원시스템
홈페이지(http://seoji.nl.go.kr)와 국가자료공동목록시스템(http://www.nl.go.kr/kolisnet)에서
이용하실 수 있습니다. (CIP제어번호 : CIP2019031945)

어린이제품 안전특별법에 의한 표시사항

제품명 도서 제조년월일 2019년 12월 5일 제조사명 김영사 주소 10881 경기도 파주시 문발로 197
전화번호 031-955-3100 제조국명 대한민국 ⚠주의 책 모서리에 찍히거나 책장에 베이지 않게 조심하세요.

차례

책머리에	7
강물 따라 흘러흘러 서부로	11
강물과 함께 흘러가는 여행	16
굽이굽이 흘러흘러 바다로	37
강물의 침식, 운반, 퇴적 작용	59
강물 속에 사는 생물	77
강에서 살아가는 사람들	94
강물 따라 정처 없는 여행	114
분노의 강물	134
지저분한 강물	154

책머리에

이름 그대로 지루하기만 한 지리! 그러나 지리에는 아주 흥미롭고 놀라운 이야기도 많다. 우선, 강에 대해 알아볼까? 그런데 잠깐! 지리 선생님은 한창 열변을 토하고 있는데, 지금 여러분은 포근한 교실에서 꾸벅꾸벅 졸고 있잖아?

여러분은 눈을 감은 채 단잠에 빠져든다…. 지금 여러분은 푸른 잔디가 깔려 있는 강둑에 앉아 한 손엔 시원한 음료수를 들고, 다른 한 손으로는 낚싯대를 강물에 드리우고 있다. 세상에 이런 신선 놀음이 또 있을까! 찬란한 햇빛 아래 새들이 아름답게 지저귀고 있고…. 이보다 즐거운 지리 시간은 있을 수 없다! 그런데….

갑자기 달콤한 꿈이 악몽으로 변한다면? 난데없이 소나기가 쏟아지는 바람에 온몸이 흠뻑 젖고, 흙탕물이 무릎까지 차올라 여러분은 비 맞은 생쥐 꼴이 되고 만다. 세상에 이런 악몽이! 아무래도 지리 선생님이 꿈 속까지 쫓아와 여러분의 단잠을 방해하는 게 분명하다. 으…. 정말 끔찍하기 짝이 없다.

얼마나 끔찍한 악몽이었으면 차라리 깨어나서 지리 선생님의 그 지겨운 강의를 다시 듣는 게 반가울까? 하기야 아무리 지긋지긋한 지리 수업이라도 비 맞은 생쥐 꼴이 되는 것보다야 낫지.

그러나 지리가 늘 축축하고 불쾌한 것은 아니다. 아주 흥미진진하고 신기한 것도 많다. 간단한 실험을 알려 줄 테니 한 번 해 보라. 학교에서 일찍 돌아와 부모님이 놀라시거든, 웃으면서 이렇게 말하라. 목욕을 하라고 선생님이 일찍 보내 주었다고. 모두 멍한 표정을 짓고 있을 때, 욕실로 가서 욕조에 물을 가득 받는 거야. 욕조 물이 가득 차는 데 시간이 얼마나 걸릴까? 한 10분? 그렇다면 2억 개의 욕조 수도 꼭지를 최대한으로 한꺼번에 튼다고 상상해 보라. 이 때 흘러가는 물이 세계 최대의 강인 아마존 강에 흐르는 물의 양과 맞먹는다(참, 이 모든 실험이 끝나거든, 욕조의 마개를 뽑고 근사한 목욕을 한 것처럼 행동하라. 어른들에게 그럴 듯하게 보여야 하니까).

이 책에서 알아보려고 하는 것이 바로 그것이다. 지구를 한 바퀴 돌 만큼 길고, 바위를 깎아 깊은 계곡을 만들 만큼 강하고, 도시 전체를 물바다로 만들 만큼 사납고, 에펠탑만큼 높은 폭포까지 거느린 강물 말이야.

이 책에서는 다음과 같은 것들을 경험할 수 있다.

● 불굴의 여행 가이드 막무가내와 함께 세계 최대의 강들을 탐사한다.

● 세계 최고 높이를 자랑하는 폭포에서 떨어져 본다.

- 피라니아(남아메리카의 강에 사는 물고기. 사람이나 짐승도 떼를 지어 공격해 뜯어먹음)를 잡아 점심으로 먹는다(손가락을 조심할 것!).

- 홍수 속에서 살아남는 법을 배운다(다만, 온갖 역경을 이겨내야 한다).

이처럼 재미있는 지리 공부는 세상에 다시 없다! 지리가 지루하지 않다고 이상하게 여길 필요는 없다. 이제부터는 열심히 책장만 넘기면 된다. 물에 젖을까 봐 염려할 필요도 없다. 책을 욕조에 담그지만 않는다면 말이야….

강물 따라 흘러흘러 서부로

루이스와 클라크의 놀라운 모험 이야기

1803년, 미국 워싱턴 DC.

제퍼슨 대통령의 집무실로 불려 간 두 남자는 훈훈한 사무실 공기에도 불구하고 긴장 탓에 덜덜 떨고 있었다. 왜냐하면, 미국 대륙의 미개척지인 서부를 횡단해 태평양으로 연결되는 수로를 찾으라는 임무를 부여받았기 때문이다.

제퍼슨 대통령은 무역을 늘리고 이주민이 정착할 땅을 마련하기 위해 서부를 개척하고자 했다. 문제는 단 한 가지! 그때까지 광활한 서부를 탐험한 사람이 아무도 없었다. 어떤 위험이 도사리고 있는지, 과연 두 사람이 임무를 무사히 마치고 귀환할 수 있을지 아무도 장담하지 못했다. 그러니 두 남자가 벌벌 떨었던 것도 당연하지. 제퍼슨 대통령은 두 사람과 악수를 하며 행운을 빌어 주었다. 대통령은 주변에서 걱정하는 소리에 아랑곳하지 않고 적임자를 골랐다고 확신했다.

두 사람은 대통령의 개인 비서인 메리웨더 루이스(Meriwether Lewis) 대위와 그의 죽마고우인 윌리엄 클라크(William Clark) 중위였다. 두 사람 모두 젊고 용감하고 잘생긴 청년이었다. 적임자라면 당연히 이런 조건을 모두 갖추어야지(사실,

잘생긴 건 꼭 필요한 조건이 아니로군). 그들이 가야 할 길은 길고도 험한 산길이었다. 그래서 루이스와 클라크는 머리를 맞대고 궁리 끝에 그럴 듯한 계획을 세웠다. 미주리 강까지 거슬러 올라가 로키 산맥을 횡단한 다음, 컬럼비아 강을 따라 태평양까지 내려가는 것이다. 이렇게 간단할 수가!

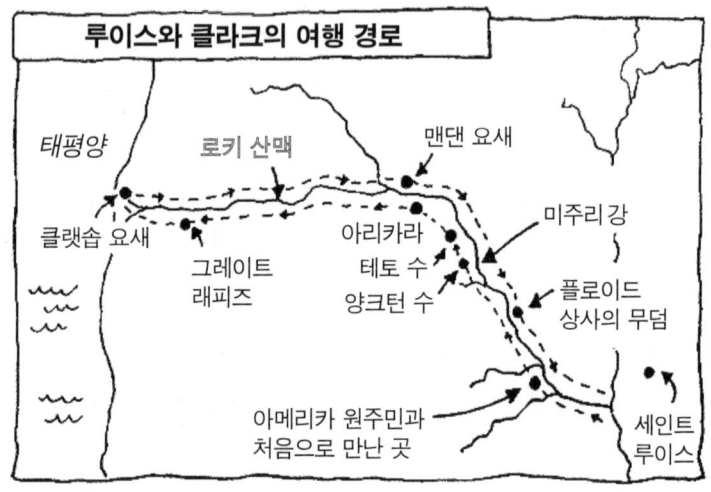

겨울 내내 루이스와 클라크는 탐험을 준비했다. 그리고 이름도 거창한 '디스커버리 탐험대'를 조직했는데, 43명의 구성원은 대부분 군인이었다. 탐험대는 식량 6톤(식량이 바닥나면 현지에서 먹을 걸 구해야 한다), 무기, 의약품, 과학 도구, 그리고 원주민들에게 줄 선물까지 마련했다.

그리고 거룻배 한 척과 두 척의 카누에 이 많은 짐을 나누어 실었다. 배들은 이 탐험에서 가장 중요했다. 배가 튼튼하지 않으면, 물 속으로 가라앉거나 헤엄을 쳐서 가야 했으니까.

마침내 1804년 5월 14일 월요일, 모든 준비가 끝났다. 출발을 알리는 한 발의 총성이 울리자, 탐험대는 미주리 강 근처의 세인트루이스에서 출발했다. 그 후, 탐험대가 임무를 마치고 돌아오기까지 2년 6개월이란 기나긴 세월이 걸렸다.

탐험대는 미주리 강을 거슬러 서부로 향했다. 미주리 강은 아메리카들소 떼가 무리지어 다니는 푸른 평원을 지나 구불구불 서쪽으로 이어져 있었다. 그렇게 5개월 동안 탐험대는 서쪽으로 서서히 나아갔다. 카누를 타고 주변의 경치를 구경하면서 강을 거슬러 올라가는 여행은 마냥 즐겁기만 했다. 한 가지 신경 쓰이는 일은 모기 떼의 무차별적인 공격이었다.

10월, 탐험대는 맨댄이란 인디언 땅에 도착했다. 인디언들의 환대를 받은 탐험대는 이 곳에서 겨울을 나기로 결정했다. 곧 강이 꽁꽁 얼어붙어 여행을 할 수 없었기 때문이다.

1804년 말에서 1805년 초의 겨울은 무척 추웠다. 어떤 날은 기온이 영하 40도까지 내려갔다. 그래서 탐험대원들은 통나무집 속에서 겨울을 따뜻하고 편안하게 보냈다. 따뜻한 통나무집도 지루함은 달래 주지 못했지만, 겨울 바람이 너무나 매서워 아무도 감히 밖으로 나갈 엄두를 내지 못했다.

봄이 오자, 탐험대는 다시 길을 떠났다. 지금까지는 엉성하긴 해도 지도를 보면서 길을 갈 수 있었지만, 앞으로는 그럴 수 없었다. 아무도 탐험한 적이 없는 길이니 지도가 있을 리 없었다. 루이스와 클라크는 산길을 따라가야 할지, 강을 따라 내려가야 할지, 숲을 헤치고 나아가야 할지 전혀 판단할 수가 없었다. 한마디로 속수무책이었다. 탐험대는 그저 자기들이 가는 길이 옳기만을 기대할 수밖에 없었다.

그러나 불굴의 루이스와 클라크는 크게 걱정하지 않았다. 그 부근의 지리를 훤히 아는 인디언을 고용해 길 안내를 부탁했거든. 그들은 강 상류 쪽으로 올라가 로키 산맥에 이르렀다. 로키 산맥을 횡단하는 것은 이 탐험에서 가장 힘든 여정이었다. 식량도 바닥났고, 밤만 되면 매서운 추위가 엄습했다. 그래도 탐험대는 굴하지 않고 덜덜 떨면서 앞으로 앞으로 나아갔다.

그들의 끈기와 용기는 헛되지 않았다. 로키 산맥을 넘으니 반대편에 탁 트인 평원과 컬럼비아 강이 펼쳐져 있었던 것이다! 1805년 11월 7일, 탐험대는 컬럼비아 강을 타고 내려가 마침내 바다가 보이는 강어귀에 도착했다. 드디어 여행의 목적지인 태평양에 도착한 것이다!

다음 해 봄, 탐험대는 집으로 돌아오는 머나먼 여행을 시작해 1806년 9월 23일에 세인트루이스로 돌아왔다. 루이스와 클라크는 영웅으로 대접받았다. 사람들은 죽은 줄 알았던 루이스와 클라크가 살아서 돌아오자, 놀라움을 감추지 못했다.

약 7000 km의 긴 여정을 거의 카누만으로 여행한 탐험대는 도중에 곰과 방울뱀의 공격을 받기도 하고, 추위와 배고픔에 시달렸다. 게다가, 루이스는 사슴으로 오인받는 바람에 다리에 총알을 맞기까지 했다. 그런데도 불구하고, 목숨을 잃은 사람은 단 한 명뿐이었고, 그것도 맹장염 때문에 사망했다고 한다. 루이스와 클라크의 탐험은 위대한 인간 승리였다. 그러나 그들이 개척한 수로는 별로 많이 이용되지 않았다. 용감한 탐험가가 아닌 이상 그 길은 너무 멀고 위험했기 때문이다(그 후, 수많은 미국인이 새로운 땅과 장사를 위해 루이스와 클라크가 개척한 길을 지나갔지만, 현명하게도 마차를 타는 육로를 택했다).

어쨌든 루이스와 클라크의 탐험은 지리학적으로 대단한 업적이었다. 그들은 자신들이 지나간 강에 대한 지도와 메모뿐만 아니라, 도중에 만난 원주민에 대한 기록도 남겼다. 그들의 지도와 기록은 지리학자들조차도 처음 접하는 새로운 장소들과 사람들에 대한 정보를 제공했다.

강물과 함께 흘러가는 여행

물론 강이 얼마나 편리한지 깨달은 사람은 루이스와 클라크가 처음은 아니었다. 두 사람은 다른 장소로 이동하기 위해 강을 이용했다. 그러나 사람들은 오래 전부터 강물을 마시고, 강물에서 목욕하고, 낚시를 해 왔다.

심지어 로마 인은 강가에 도시를 건설했다. 전설에 따르면, 로마는 늑대가 키운 로물루스(Romulus)와 레무스(Remus) 형제가 세운 도시라고 한다. 두 사람은 전쟁의 신 마르스(Mars)와 여사제 레아 실비아(Rhea Silvia) 사이에서 쌍둥이로 태어났다. 여기까진 아무 문제가 없었다. 그런데 이 행복한 가정에 불행을 가져온 것은 레아 실비아의 큰아버지인 아물리우스(Amulius) 왕이었다.

아물리우스 왕은 쌍둥이가 자라서 자신의 왕위를 뺏을까 봐 불안해했다. 그래서 아물리우스 왕은 쌍둥이를 바구니에 담아 티베르 강의 거센 물결에 던져 버렸다. 이제 왕위를 빼앗길까 봐 불면증에 시달리지 않아도 되고, 쌍둥이의 생일 선물도 안 주어도 되니 이야말로 일석이조였지.

바구니는 흘러흘러 떠내려가다가 팔라티네 언덕에 걸렸다. 마침 그 곳을 지나가던 어미늑대가 쌍둥이를 발견하고는, 쌍둥이를 잡아먹는 대신에, 늑대굴로 데려가 아주 훌륭한 늑대로 키웠단다.

그러다가 쌍둥이는 친절한 양치기와 함께 살게 되었다(단, 양을 잡아먹지 않겠다는 약속을 해야 했지). 그렇지만 쌍둥이는

행복했던 늑대 생활을 평생 잊지 못해 어미늑대가 자신들을 발견한 장소에 멋진 도시를 세워 어미늑대를 그 곳에 모시려고 했다. 그 곳에서 편안한 여생을 보내시라고 말이야.

그런데 도시 건설이 시작되면서 일이 꼬이고 말았다. 로물루스와 레무스는 담 높이를 놓고 다투게 되었다. 로물루스가 적의 공격을 막기 위해 담을 쌓았는데, 레무스는 담이 너무 낮다고 한 거야. 그리고는 자신의 주장을 입증해 보이기 위해 담을 훌쩍 뛰어넘기까지 했다.

로물루스는 화가 치밀어올랐다. 둘은 화해를 했을까? 천만에! 화해는커녕 로물루스는 칼을 뽑아 레무스를 죽이고 말았다. 그리고는 자기 이름을 따서 그 도시 이름을 지었지.

전설대로라면 로마는 친절한 늑대가 키운 쌍둥이 형제가 티베르 강가에 세운 도시라는 것. 그럴 듯하지?

알쏭달쏭한 표현

하얀 단구라니? 무엇을 말하는 것일까?

> 답 : 흰색 단구(團白旗)란, 롬바르디에 자생하는 작은 물새이며 꽃을 좋아하는 거위가 아니다. 지역이다.

도대체 강이란 무엇인가?

    지리 중에서 어떤 것들은 정말 이해하기 어렵다. 그러나 걱정할 것 없다. 이 책에서는 어렵기만 한 내용은 다루지 않을 테니까. 그 대신에 별다른 노력을 기울이지 않고도 여러분을 천재 지리학자로 만들어 주는 이야기를 들려 줄 것이다.

    강을 예로 들어 보자. 지리 선생님은 온갖 지루한 지리적 사실들을 열거해서 여러분의 혼을 쏙 빼 놓겠지? 그러나 전혀 신경쓸 필요 없다. 선생님은 스스로 중요한 척하려고 노력하는 것뿐이니까. 불쌍하지? 그렇지만 이것 하나만은 알아 두도록! 즉, 강은 땅 위로 흘러가는 민물(즉, 바닷물처럼 짠물이 아니라)이라는 사실 말이다. 정말 간단하지?

★ 요건 몰랐을걸!

지구는 '물의 행성'이란 뜻의 수성(水星)이란 이름이 더 적절해 보인다. 왜냐고? 지구 표면적의 1/3이 물로 덮여 있으니까. 그 중에서 97%는 바닷물이고, 나머지가 민물인데, 민물 중 일부는 만년설이나 빙하의 얼음 상태로 존재하거나 지하수로 존재한다. 그러니까 지구 전체의 물에 비하면 강물은 결코 많은 양이 아니다. 지구 전체의 물 중에서 강물이 차지하는 비율은 1% 미만이다. 물통 하나에 가득 든 물이 지구 전체의 물이라면, 강물은 한 숟가락 정도에 불과하다는 거지.

물을 연구한 사람들

이 세상에서 가장 소중한 액체는 무엇이라고 생각하는가? 달콤한 초콜릿 밀크셰이크라고? 어림도 없는 소리! 밀크셰이크 따위는 없어도 얼마든지 살아갈 수 있지만, 물이 없으면 여러분은 며칠도 못 버티고 죽고 말 것이다. 그렇다면 우리가 사용하는 물은 어디서 오는 것일까? 그야 물론 강이다. 강물은 지구 전체의 물 중에서 1%밖에 안 되지만, 이 1%의 강물은 우리가 마시고 사용하는 귀중한 물을 제공해 준다.

물을 최초로 진지하게 연구한 사람은 헨리 캐번디시(Henry Cavendish ; 1731~1810)라는 영국인 과학자이다. 캐번디시는

프랑스 니스에서 태어났지만, 그 후 런던에서 살았다. 캐번디시는 아버지와 함께 살았는데, 아버지가 돌아가실 때까지 거의 외출을 하지 않고 혼자 지내길 좋아했다. 여러분도 패션 감각이 캐번디시만큼 형편 없었다면 그랬을 것이다. 그가 가장 좋아한 복장은 구겨진 칼라에 주름 소매가 달린 촌스런 자줏빛 양복에다가 실밥이 뜯어져 너덜너덜한 중절모를 쓰는 것이었다. 그러니 여자 친구가 있을 리 없었다. 사실, 캐번디시는 집 안에 여자를 발도 붙이지 못하게 했다. 여자가 집 안에 있으면 부정을 탄다고 생각했다는군.

운 좋게도 캐번디시에게는 특별한 재능이 한 가지 있었다. 그것은 바로 화학이었다. 캐번디시는 대부분의 시간을 집 안에서 보내며 복잡한 화학 실험에 몰두했다(그는 사람보다 화학을 더 좋아했다. 하기야, 시험관은 꼬박꼬박 말대답을 하지 않지).

운 좋은 캐번디시는 40세 때 100만 파운드라는 거액을 상속받았다! 여러분 같으면 어떻게 하겠는가? 값비싼 옷과 자동차를 사고, 해외 여행을 떠나겠다고? 그러나 캐번디시는 그러지 않았다. 자신이 좋아하는 연구를 하는 데 그 돈을 쓰면서 연구에 더욱 몰두했지. 그러니까 캐번디시는 상속받은 돈으로 화학 실험 도구와 연구 서적을 샀던 것이다. 그리고 나서 얼마 후 캐번디시는 아주 놀라운 발견을 해서 지리학 분야에도 커다란 공헌을 하게 된다.

어느 날, 캐번디시는 실험실에서 수소와 산소 기체를 항아리에 넣고 열을 가해 주었다. 캐번디시는 어떤 사실을 발견했을까?

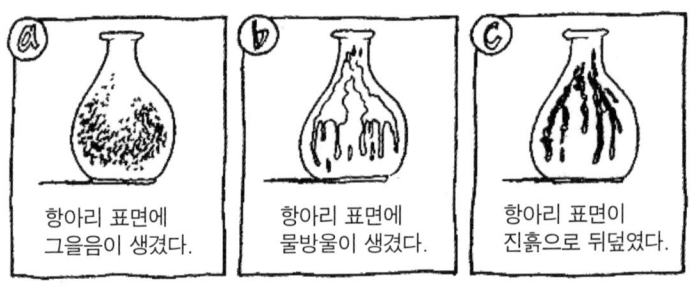

ⓐ 항아리 표면에 그을음이 생겼다.
ⓑ 항아리 표면에 물방울이 생겼다.
ⓒ 항아리 표면이 진흙으로 뒤덮였다.

답 : b) 용기 표면에 물방울이 맺혔다. 캐번디시는 끈기 있게 실험과 관찰을 계속하여 수소와 산소가 만나면 물이 된다는 사실을 알아냈다. 그 전까지 물은 더 이상 분해할 수 없는 물질이라고 생각했지만, 수소와 산소라는 원소가 결합해 만들어진 물질이라는 것을 밝혀낸 것이다. 그는 물을 H_2O 라고 표시하였다. 이런 수소와 산소 기체로 물을 얻어내는 반응식 또한 캐번디시가 처음으로 발표한 것이다. 그리고 수소는 공기 중에 있는 물질 중 가장 가벼운 물질이라는 것도 이 무렵에 발견하여 발표하였다. 물은 모든 생물에게 있어서 꼭 필요한 물질이다.

오늘날 캐번디시와 같은 사람을 수문학자(水文學者)라고 부를 수 있다. 수문학자란, 강물을 연구하는 지리학자를 근사하게 부르는 이름이다. 캐번디시는 정말 운 좋은 수문학자였다. 공작이셨던 할아버지와 외할아버지로부터 거액의 재산까지 상속받았으니까 말이다.

★ 요건 몰랐을걸!

그렇다면 지구를 덮고 있는 이 모든 H_2O는 어디서 온 것일까? 화학 실험을 통해 만들어진 건 아닐 테고. 또, H_2O가 어떻게 거대한 강을 만들 수 있을까? 이 모든 궁금증에 대한 답을 여기에 공개한다. 한번 흘러간 물은 다시 오지 않는다고 하지만, 원래 강물에 포함된 물은 이미 이전에 수백억 번도 더 강물과 함께 흐른 적이 있다. 물의 순환 과정을 통해 물은 계속 반복적으로 재순환되고 있다. 그러니까 지금 아마존의 강물은 한때 고대 로마의 티베르 강을 흐르던 물일 수도 있다. 믿어지지 않는다고? 그렇다면 물의 순환이 어떻게 일어나는지 이해하기 위해 여러분이 물 분자가 되었다고 상상해 보자(내키지 않으면 지리 선생님이 물 분자가 되었다고 상상해도 괜찮다).

그럼, 이제부터 상상의 세계로 떠나 보자! 책장을 넘기면 우리는 아주 긴 여행을 시작할 것이다. 자, 강물을 따라 흘러내려갈 마음의 준비가 되었는가?

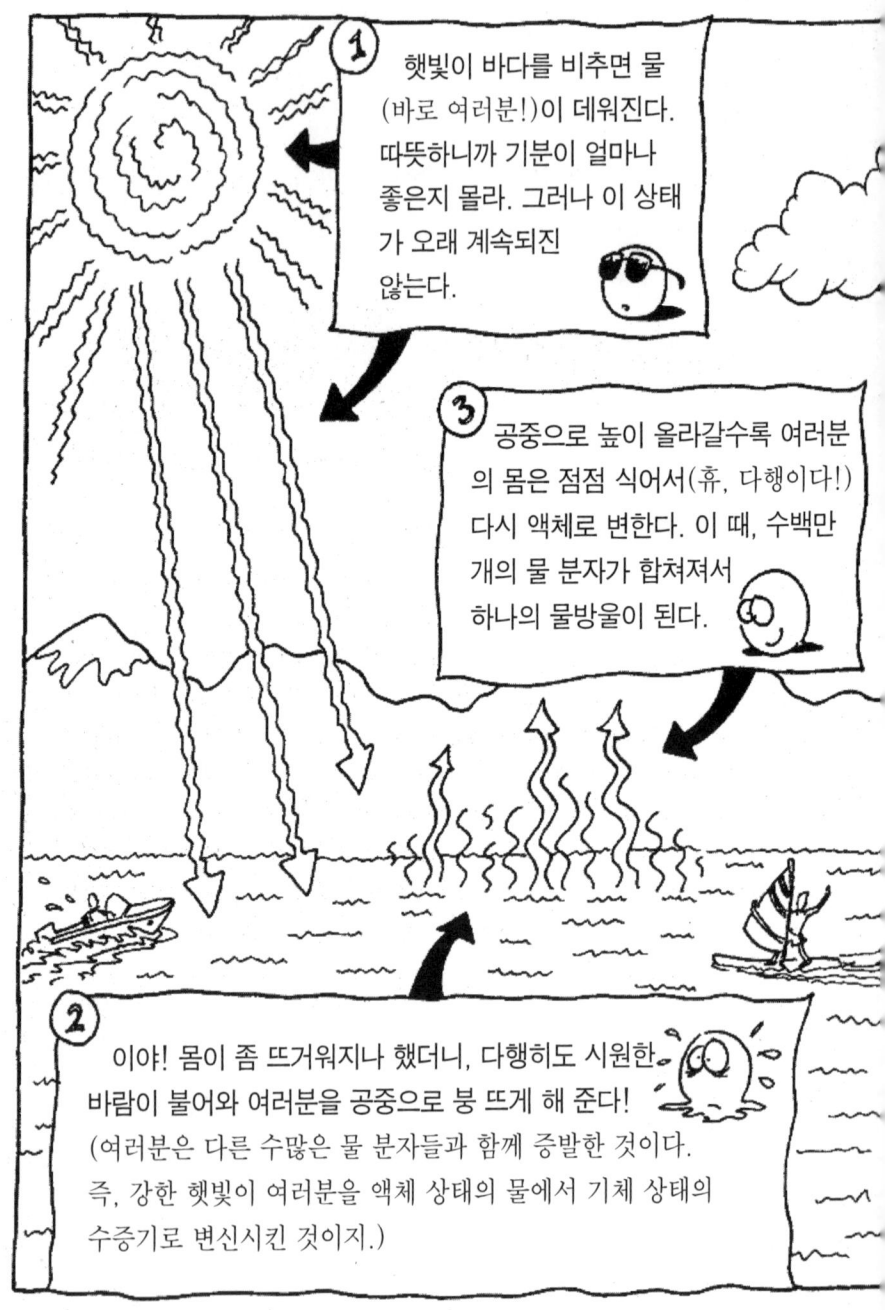

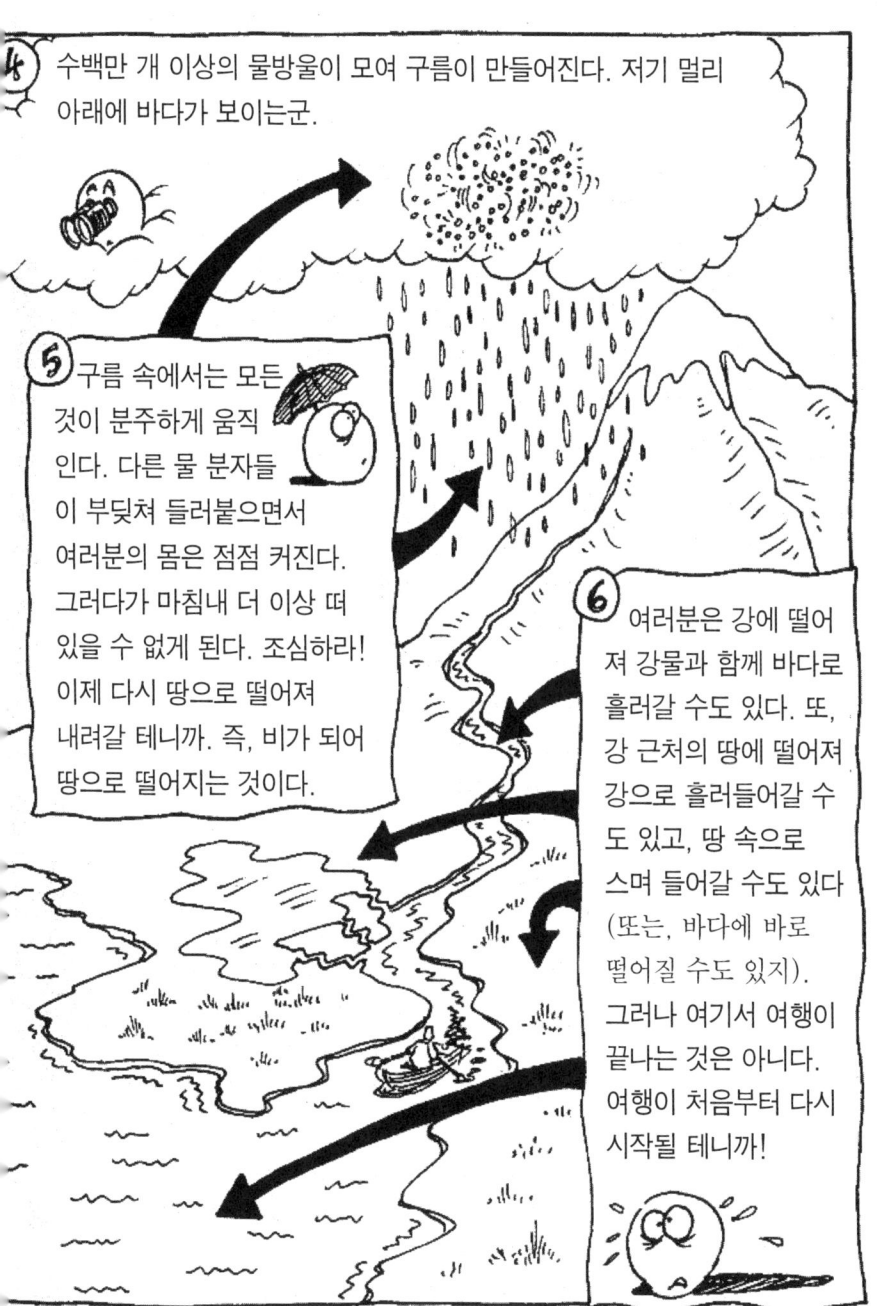

> ★ 요건 몰랐을걸!
> 집을 떠난 지 얼마나 되었는지 알고 싶다고? 대략 계산할 수 있는 방법을 알려 줄게. 물 분자는 비가 되어 떨어질 때까지 대기 중에 약 열흘간 머무른다. 만약 물 분자가 곧장 강으로 떨어진다면, 강줄기를 따라 며칠간 흐르면 바다에 도달한다. 그러나 땅 속으로 흡수된 경우에는 강물로 흘러들 때까지 수백만 년을 기다려야 할 때도 있다. 만약 태평양과 같은 넓은 바다에 이르렀다면, 약 3000년은 더 기다려야 다시 하늘로 올라갈 수 있을 것이다.
> 야호! 이제 학교는 바이바이!

강물은 어떻게 흘러내려가는가?

1. 강은 항상 위에서 아래로 흐른다. 왜냐고? 그야 중력 때문이지. 중력이란, 물체를 지구 중심으로 끌어당기는 힘을 말한다. 그래서 자전거를 타고 언덕을 내려갈 때에는 페달을 밟지 않아도 저절로 내려가는 것이다. 우리의 발이 늘 땅에 붙어 있고, 공중으로 던진 돌이 땅으로 떨어지는 것도 중력 때문이다. 중력은 두 물체 사이에 작용하는 힘이지만, 지구가 워낙 크기 때문에 자전거나 돌이 지구 쪽으로 끌려간다.

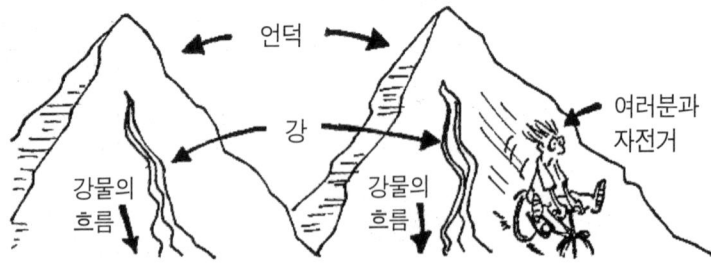

2. 강물은 늘 같은 속도로 흐르진 않는다. 빠르게 흐를 때도 있고, 천천히 흐를 때도 있다. 그것은 마찰 때문이다. 두 물체가 서로 스쳐 지나가려고 할 때 마찰이 발생하는데, 이 힘 때

문에 서로 속도가 느려진다. 그런데 마찰이 강물의 속도와 무슨 관계가 있느냐고? 강물이 강바닥이나 강둑과 마찰을 일으키면 강물의 속도가 느려진다. 강의 물살이 가장 빠른 곳은 강 한가운데 부분인데, 이 곳의 마찰력이 제일 약하기 때문이다.

직접 해 보는 실험 : 강물의 속도를 재 보자

준비물 :
시계
줄자
막대기 두 개
오렌지 하나
강 하나

실험 방법 :

a) 강둑에서 10m 길이를 줄자로 잰 다음, 양끝에 막대기를 세워 둔다.

b) 강물에 오렌지를 띄운다.
c) 오렌지가 아래로 떠내려가는 시간을 잰다.

d) 이제 좀 지겨운 계산을 해야 한다(귀찮게 느껴지면 이 부분은 그냥 넘어가도 된다). 강물은 부분에 따라 각각 속도가 다르다고 했지? 전체 강물의 평균 속도(평균 유속)를 알고 싶으면, 여러분이 얻은 결과에다 0.8을 곱하라. 예를 들어 오렌지가 10 m를 가는 데 20초가 걸렸다면, 강물의 속도는 초속 0.5 m이지? 그러면 평균 유속은 0.5에 0.8을 곱한 초속 0.4 m이다(전문가들은 평균 유속으로 강물이 얼마나 많은 양의 물을 운반하는지 알아 낸다. 그러나 더 깊이 들어가면 너무 복잡해지므로 여기서 그만!).

3. 강물은 급경사면에서 가장 빨리 흐른다. 그 중에서도 폭포에서 떨어지는 물이 가장 빠르지. 나이아가라 강의 물살은 나이아가라 폭포에서 떨어질 때 시속 108 km에 이른다. 이것은 사람들이 걷는 속도의 16배에 해당한다.

4. 세상의 모든 강에 흐르는 물의 양은 겨우 2주 동안 흐를 수 있을 정도밖에 안 된다. 만약 새로운 물이 공급되지 않는다면, 강물은 금세 말라 버리고 만다.

5. 고대 그리스인은 무엇이 강물을 흐르게 하는가에 대해 조금 우스꽝스러운 생각을 했다. 그들도 물의 순환과 비가 어떻게 내리는지 알고 있었다(그리스인은 웬만한 건 다 알고 있었다). 그러나 그들은 하늘에서 떨어지는 빗물이 그 많은 강물을 가득 채울 수 있다고 생각하지 않았다.

그리스인은 강물이 바다에서 지하의 물줄기를 통해 흘러 들어온다고 생각했다(그리고 도중에 어떤 과정을 거쳐 짠맛이 사라진다고 믿었다).

6. 1674년 프랑스의 변호사이자 정치가이면서 틈틈이 수문학자로 활동했던 피에르 페로(Pierre Perrault)는 일 년 동안 센 강 주변 지역에서 센 강으로 흘러들어가는 빗물의 양을 쟀다.

그래서 어떤 결과를 얻었을까? 센 강을 여섯 번이나 가득

채우고도 약간 남을 만큼의 많은 비가 내린다는 사실을 알아 냈지. 그 똑똑하다는 그리스인들이 큰 착각을 한 셈이지!

7. 오늘날 지리학자들은 물이 강으로 흘러들어가는 방법이 네 가지가 있다는 사실을 알아 냈다. 모든 것은 비에서 시작된다. 우리의 안내인 막무가내가 그 네 가지 방법을 소개한다.

8. 모든 지하수가 강물로 흘러들어가지 않는 것은 정말 다행이다. 만약 강물이 지하수로만 채워진다면, 정말이지 한참을 기다려야 한다. 지하수는 무척 느리게 흐르거든. 그래서 어떤 과학자는 이렇게 말했다.

미국의 과학자 존 만(John Mann)은 이 달팽이 이야기가 옳은지 알아보기로 했다. 여러분도 그가 한 달팽이 실험을 직접 해 볼 수 있다.

준비물 :
줄자
시계
달팽이
넉넉한 시간

실험 방법 :
a) 달팽이를 정원으로 데려간다.
b) 달팽이를 풀밭에 내려놓는다.
c) 1 m를 가는 데 얼마나 걸리는지 시간을 잰다(기다리는 게 지루하면 거리를 줄이든가).

어떤 일이 일어날까?
a) 달팽이가 정원에 난 길로 여러분을 안내한다.
b) 달팽이가 열심히 달리다가 도중에 낮잠을 잔다.
c) 지하수보다 달팽이가 더 빨리 달린다.

> 답 : c) 좀 믿기 힘들겠지만 용암 속을 흐르는 달팽이가 지하수보다 1/70의 속도로 더 빨리 달린다. 늪, 쓰레기 하치장에서 달팽이가 70배나 빨리 달린다는 사실도 증명되었다. 그리고 포도나무 가지가 달팽이의 속도를 방해한다. 사실인가?

선생님의 실력 테스트 코너 : 강의 세계 신기록

하늘과 땅을 오가며 힘든 여행을 했으니, 이제 휴식을 좀 취해야지? 편한 자세로 쉬면서 힘든 공부는 다른 사람한테 맡기기로 하자. 예를 들면, 지리 선생님한테 말이야. 선생님은 강에 대해 얼마나 잘 알고 있는지 실력을 테스트해 보자.

1. 세상에서 제일 긴 강은 나일 강이다. **참/ 거짓**
2. 강물의 양이 가장 많은 강은 아마존 강이다. **참/ 거짓**
3. 가장 짧은 강은 D 강이다. **참/ 거짓**
4. 유럽에서 가장 긴 강은 라인 강이다. **참/ 거짓**
5. 어떤 강들은 거의 언제나 말라 있다. **참/ 거짓**
6. 어떤 강은 겨울이 되면 완전히 꽁꽁 언다. **참/ 거짓**

> **답 :**
> **1. 참.** 이집트에 있는 나일 강은 길이가 6695 km로, 세상에서 가장 긴 강으로 알려져 있다. 남아메리카에 있는 아마존 강은 나일 강보다 255 km가 짧다. 그렇지만 어떤 지리학자들은 견해를 달리한다. 그들의 측정 방식에 따르면, 아마존 강이 더 길다는 것이다(참고 : 지리학

자들의 이러한 견해 차에 너무 신경쓰지 마라. 지리학자들은 으레 티격태격하는 사람들이니까. 지리학은 정밀 과학이 아니다. 즉, 어느 누구도 무엇을 확실하게 안다고 할 수 없다는 뜻이다. 그래서 지리학자들은 모든 것을 다 알고 있다고 생각하지만, 그들이 내놓는 답은 천차만별이다!).

2. 참. 아마존 강이 세상에서 가장 많은 양의 물을 담고 있다. 그 양은 나일 강의 60배가 넘고, 세상의 모든 강물을 합친 양의 1/5에 이른다. 아마존 강 하구에서는 단 1분 동안에 95,000 리터의 물이 바다로 한꺼번에 쏟아져 들어간다. 그것은 올림픽 경기를 치르는 수영장 53개의 물을 한꺼번에 쏟아붓는 것과 같다. 아마존 강에 비하면 나일 강은 실개천이라고 해야겠지.

3. 참. 미국 오리건 주에 있는 길이 37 m의 D 강이 세상에서 가장 짧은 강이다. 이 강은 데블스 레이크(악마의 호수)에서 흘러내려와 태평양으로 흘러들어간다.

4. 거짓. 러시아의 볼가강은 길이 3530 km로, 유럽에서 가장 긴 강이다. 라인 강의 길이는 1320 km로, 볼가강의 절반도 안 된다.
5. 참. 사막에 흐르는 강은 거의 일 년 내내 물이 흐르지 않고 말라붙어 있다. 사막에는 비가 거의 내리지 않기 때문이지. 이처럼 비가 올 때에만 강물이 흐르는 사막의 강을 와디(wadi)라고 한다. 어떤 강들은 겨울에는 물이 흐르다가 여름이 되면 말라붙기도 한다.
6. 참. 겨울마다 시베리아에 있는 오브이르티시강은 상류에서 하류까지 전부 꽁꽁 얼어붙는다. 높은 산에 위치한 강 상류는 꼬박 다섯 달 동안 그 상태로 얼어붙어 있다고 한다. 정말 대단하지?

선생님이 얻은 점수 평가

한 문제당 2점씩이다. 커닝한 선생님은 1개월간 정학, 아니 집에서 쉬시라고 하자.

10~12점 아주 훌륭하다! 이렇게 해박한 지식을 가진 선생님은 아마도 학교가 끝나면 수문학자로 일하는지도 모른다.

6~8점 나쁘진 않지만, 그렇다고 만족스러운 점수도 아니다. 수업 시간에 딴 생각하지 말고 학생들의 말에 좀더 귀를 기울인다면 성적이 올라갈 것이다.

4점 이하 이런! 이런 말 해서 뭣하지만, 선생님은 여러분과 함께 여행을 하기엔 좀 무리다. 그냥 학교나 다니시도록!

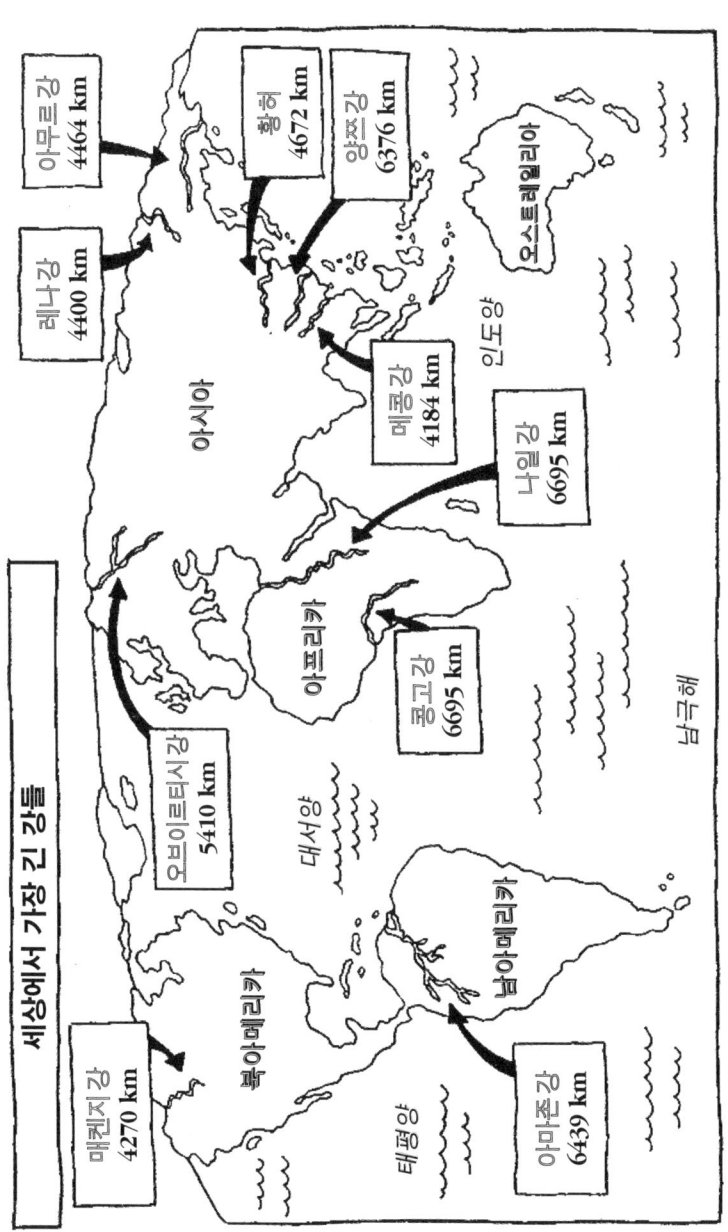

잠시 동안 편히 쉬었지? 이제 기운을 차리고 다시 우리의 여행을 시작해 보자. 다음 장에는 더욱 재미있고 스릴 있는 일들이 기다리고 있다. 힘차게 내려가는 강물을 따라 바다까지 흘러가 보는 거야. 마음의 준비를 단단히 하라! 우선, 구명 조끼부터 입는 게 좋겠군. 카누가 뒤집어지더라도, 물 속에 빠져 익사하지 않도록 말이야.

굽이굽이 흘러흘러 바다로

강은 사람과 비슷하다. 강도 나이가 들면 변하거든. 막 태어난 어린 시절에는 아주 왕성하게 활동한다. 그러니까 힘차게 흐른다는 말이다. 그렇지만 나이가 들고 성숙해지면, 강물의 속도가 느려지고, 장애물을 만나도 다투지 않고 돌아서 간다. 흐르는 세월은 강물도 막을 수 없나 보지. 여행의 종착역인 바다 가까이에 이르면 강물은 잠자듯이 아주 느려진다. 다 왔다고 깨우면 마구 신경질을 부릴 거야. 뭐? 여러분 주위에도 똑같은 행동을 하는 사람이 있다고?

파란만장한 강의 일생

1단계 : 유년기
강의 물살이 정말 빠르다. 성급하게 흐르는 강물은 힘이 넘친다. 아주 큰 바위도 떠내려가게 할 정도니까. 그 때문에 강바닥이나 강둑이 깎이게 된다.

2단계 : 장년기
이제 물살이 서서히 누그러진다. 앞뒤 가리지 않고 마구 몰아치던 기세는 한풀 꺾였다. 운반해 오던 바위도 이제 무거워져서 그만 떨어뜨리고 말지. 그렇지만 여전히 많은 진흙과 모래를 쓸어 간다. 장애물과 정면으로 맞부딪치기보다는 그것을 피해 돌아서 간다. 한마디로 노련해졌다고 할 수 있지.

3단계 : 노년기
물살이 아주 느려져 졸음이 오는지 고개를 끄덕이기 시작한다. 아, 그게 아니고, 상류에서 운반해 온 진흙과 모래를 내려놓기 시작하는 거로군. 때때로 강둑을 넘어 범람하기도 하지만, 바다로 흘러들어가기 전까지 강물은 이 곳에서 오랫동안 편안한 휴식을 취한다.

1단계 : 유년기

수원지 : 여러분, 좋은 아침입니다. 여러분의 친절한 안내인 막무가내입니다. 여러분은 오늘 정말 특별 대우를 받게 될 것입니다. 질문이 있으면 스스럼없이 물어 보세요. 대신, 너무 어려운 질문은 빼고요.

이 곳은 강의 상류인 수원지입니다. 강이 처음 시작되는 곳이자 우리의 힘겨운 여행이 시작되는 곳이죠. 수원지는 산 정상에 비가 내려서 생기거나 지하수가 솟아올라 생깁니다. 땅 속에서 물줄기가 올라오는 것은 땅이 물을 충분히 흡수하지 못할 때 일어나는 현상이지요. 자, 그럼 다 준비되셨죠? 이제부터 강물을 따라 하류로 내려갑니다.

유역(流域) : 여러분, 모두 정신차리세요! 좌우를 둘러보시면 유역을 보실 수 있습니다. 네? 질문이 뭐였죠?

저 뒤에 있는 학생 말이에요. 아, 유역이 무슨 말인지 모르겠다고요? 당연히 그러시겠죠. 유역이란, 강에 물을 공급해 주는 강 주변의 땅을 말합니다. 어떤 강들은 엄청나게 큰 유역을 가지고 있죠. 아마존 강의 유역은 무려 650만 km^3나 된답니다. 인도 면적의 두 배에 이르는 크기죠. 정말 대단하죠? 그래요, 모두 공감하는 표정이군요.

지류 : 오른쪽에서 흘러오는 작은 강이 보이죠? 아니, 오른쪽 말예요. 그 쪽은 왼쪽이잖아요! 저게 뭔지 아시는 분 계세요? 모르신다고요? 이런! 하지만, 걱정 마세요. 제가 있지 않습니까?

지리학자들은 저걸 지류라고 부르죠. 맞습니다, 부인! 저도 왜 저걸 그냥 작은 강이라고 하지 않는지 모르겠어요. 그러면 이렇게 복잡한 설명을 하지 않아도 될 텐데 말이죠. 어떤 지류들은 사실 강이나 다름없습니다. 예를 들면, 아마존강에는 지류가 1000개나 있는데, 그 중 파라나 지류는 세계에서 가장 긴 강 중 하나에 속한답니다.

폭포 : 오늘 여행 중 최고의 스릴을 맛볼 수 있는 곳에 왔습니다. 제가 제일 좋아하는 곳이기도 하죠. 모두 흥분되시죠? 아, 죄송합니다, 부인! 이제 되돌아갈 순 없습니다. 멀미를 해도 어쩔 수 없으니까 꽉 붙잡고 계세요. 자, 이제 가슴이 철렁 내려앉는 폭포수 낙하가 시작되겠습니다. 폭포란, 바위 낭떠러지에서 강물이 떨어지는 곳입니다. 무서우면 눈을 감고 계세요. 자, 갑니다…

2단계 : 장년기

본류 : 이야! 이 물방울 좀 보세요. 인원 점검을 위해 잠시 여기서 쉬겠습니다. 걱정 마세요 부인, 흔히 있는 일이랍니다. 드디어 강의 거대한 줄기인 본류에 왔군요. 지류들이 마치 나무 줄기에서 뻗어 나온 나뭇가지처럼 보이죠? 예리한 감각을 가진 분이나 시적인 분들은 가끔 그렇게 말씀하시더군요. 본류는 우리가 흔히 부르는 큰 강의 이름이기도 해요. 나일강이나 아마존강, D강은 모두 본류의 이름을 말하는 거랍니다. 아시겠지요? 네? 모르시겠다고요? 좀더 자세히 설명해 드리죠.

계곡 : 강 양편에 높이 솟아 있는 낭떠러지 보이지요? 저게 바로 V자곡이랍니다. V자곡은 강한 물살에 바위들이 깎여 나가 만들어진 거랍니다.

물론 저 위에서 보면 멋진 경치를 볼 수 있지요. 하지만, 그러려면 다른 여행 안내자를 구하셔야 합니다. 게다가, 우린 아직 갈 길이 멉답니다. 아쉬워하지 마세요, 부인. 제가 나중에 정상으로 가는 표를 구해 드리죠. 일단 지금은 지갑 간수부터 잘 하세요. 물에 젖으면 안 되니까요.

곡류 : 예? 멀미가 난다고요? 왜 이렇게 배를 지그재그로 모느냐고요? 그야 강이 구불구불하기 때문이죠. 이렇게 뱀이 기어가듯이 강이 S자 모양으로 흘러가는 것을 가리켜 '곡류'라고 한답니다.

예? 좋은 질문입니다. 왜 곡류라고 하냐고요? 그야 구부릴 곡(曲), 흐를 류(流) 해서 구불구불 흘러간다는 뜻이죠. 그럼, 여기서 잠시 곡류가 어떻게 생기는지 그림으로 설명해 드리죠.

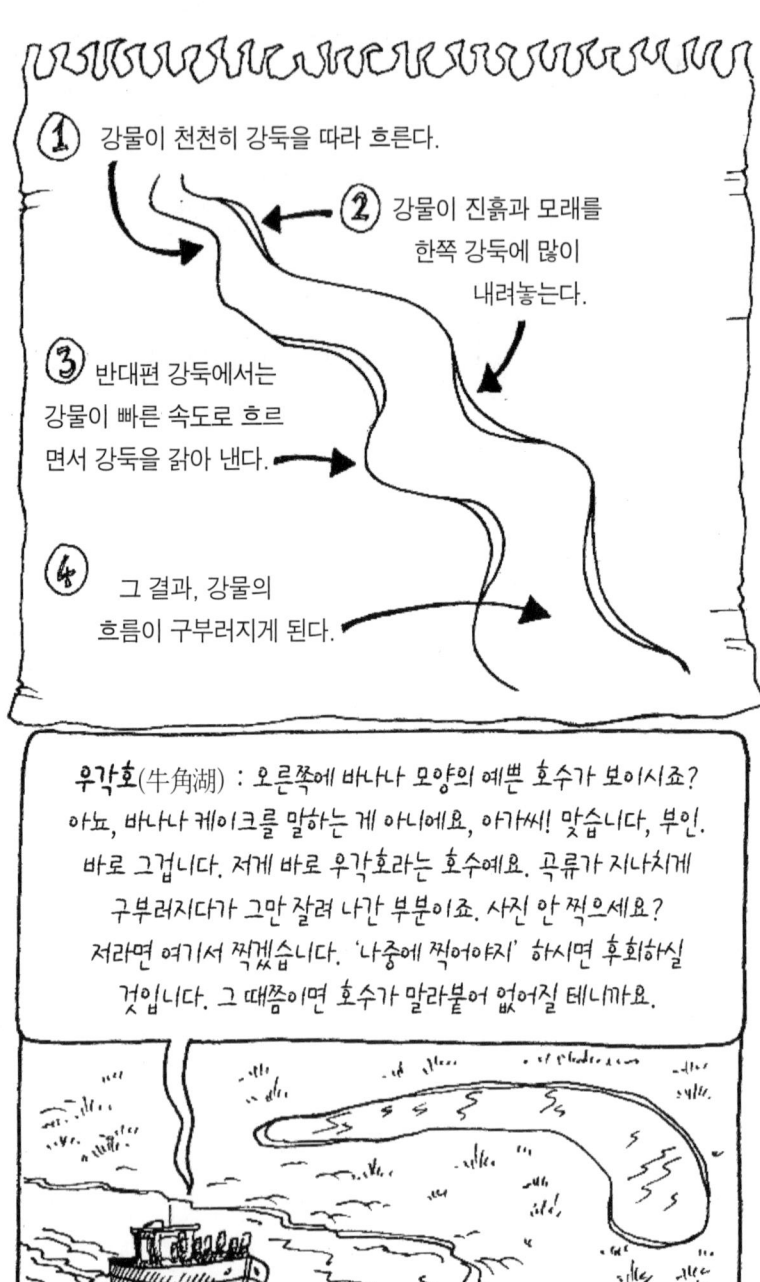

3단계 : 노년기

범람원 : 양편에 두꺼운 진흙으로 덮인 벌판이 보이시죠? 저게 바로 범람원입니다. 범람원이란, 하천의 양쪽 곁에 있는 낮은 땅으로, 홍수가 일어나면 물에 잠기는 땅을 말하지요. 그 때, 강물이 실어 온 진흙이 저렇게 쌓인 거랍니다. 이 진흙엔 식물에 필요한 영양분이 많이 들어 있답니다. 그래서 범람원은 비옥한 농토가 된답니다. 아, 마침 점심 시간이 되었군요. 그럼, 여기서 잠시 쉬어 가도록 하겠습니다.

하구(河口) : 아, 마침내 종착역에 도착했군요! 강이 바다와 만나는 이 곳 하구(강어귀)에 도착하는 것과 함께 우리의 여행도 끝이죠! 강물은 운반해 온 나머지 진흙과 모래를 이 곳 하구에 내려놓습니다. 그래서 삼각주(73쪽 참고)가 형성되기도 하고, 아니면 그냥 바다로 쓸려 가기도 합니다.
자, 내리는 곳은 저깁니다! 여러분, 만나서 반가웠어요. 즐거운 여행이 되셨길 바랍니다. 배에서 내리실 때 조심하세요. 그리고 여기에 모자를 놓아 둘 테니 팁은 이 곳에 넣어 주세요. 고맙습니다. 그럼, 안녕히 가세요!

★ 요건 알아야지!

곡류는 세상사에 관심 없이 그저 느릿느릿 흘러가는 것처럼 보인다. 그러나 곡류가 여러분 가까이에 있다면 주의해야 한다. 미국 인디애나 주의 소도시 뉴하모니는 오랫동안 웨버시 강변에 평화롭게 자리잡고 있었다. 그런데 강물이 서쪽으로 조금씩 구부러져 흐르기 시작했다. 그 중 구부러진 부분이 도시를 향해 다가왔다. 그 속도는 달팽이가 기어가는 속도와 비슷했으므로 별로 걱정할 정도는 아니었다. 그런데 1984년 어느 날, 갑자기 그 속도가 평소보다 '4배나' 빨라지기 시작했다. 이제 얼마 안 가 강물이 도시를 집어삼킬 것 같았다. 부랴부랴 강의 흐름을 바꾸기 위한 계획들이 세워졌다. 그래서 어떻게 되었느냐고? 지금도 뉴하모니 주민들은 그 결과를 조마조마 지켜보고 있다.

선생님을 곯려 주는 질문

선생님은 여러분이 장차 뭐가 될 거냐고 자주 묻는다(정말 지긋지긋하다!). 그럴 땐 잠시 골똘히 생각하는 척하다가 이렇게 대답해 보라.

호소학자라니? 무엇을 호소한다는 말인가?

> **답**: 정답이 없다! 발원지(發源地)란 호수, 연못, 샘물이 불쑥 솟아오르는 곳, 빙하가 녹아내리는 곳 또는 지지리도 재수없는 날 네 옷 속으로 빗물이 타고 내리는 수풀, 온갖 종류의 시냇물, 모래, 자갈, 유황불이 들어 있는 아가리 벌린 화산 등지.

강의 근원, 수원지

강을 여행하고 나서도 몸이 흠뻑 젖지 않았다고? 그렇다면 강이 시작되는 곳으로 다시 돌아가 보기로 하자. 강의 수원지에는 세 종류가 있다. 강의 수원지는 대개 높은 산에 있다.

세계적으로 유명한 강들의 수원지가 어디인지 알아맞힐 수 있는가? 모르더라도 한번 도전해 보라.

강 :
1. 갠지스 강
2. 아마존 강
3. 라인 강

수원지 :
a) 호수
b) 꽁꽁 언 빙하
c) 산에서 솟아오르는 개울

답:
1. b) 갠지스 강의 수원지는 히말라야 산맥 정상에 있는 꽁꽁 언 빙하이다. 아시아에서 가장 높은 산맥인 히말라야 산맥 정상에 있는 빙하는 봄과 여름에 녹아 내려 갠지스 강까지 내려온다. 갠지스 강은 인도를 횡단해서 동쪽에 있는 벵골 만으로 흘러간다. 많은 사람들은 갠지스 강을 하늘에서 흘러내려오는 신성한 강으로 여기며 여신으로 숭배한다. 빙하 아래에는 강고트리라는 마을이 있는데, 겨울에도 수많은 순례자들이 이 곳을 찾아와 여신을 숭배하고 얼음 물에 몸을 담근다. 으, 추워!

2. a) 아마존 강은 페루의 안데스 산맥 높은 곳에 있는 작은 호수에서 흘러나오는 작은 시내에서 시작된다. 이 작은 시내는 아푸리막(Apurimac)이란 개천으로 흘러들어간다. 아푸리막은 원주민 말로 '시끄러운 소리를 내는 사람'이란 뜻인데, 물 소리가 너무 시끄러워서 붙여진 이름이다. 호수에서 시작된 아마존 강은 남아메리카를 횡단하는 6440 km의 길고 긴 여행을 거쳐 대서양으로 흘러들어간다. 얼마나 많은 강물이 바다로 흘러들어가는지 바다 입구에서부터 300 km 이내의 바닷물이 전혀 짜지 않을 정도라고 한다.

3. a)와 b) 라인 강은 스위스의 알프스 산맥에서 흘려내려오는 두 시내에서 시작된다. 하나는 빙하가 녹아 내려오는 것이고, 다른 하나는 호수에서 흘러나오는 것이다. 이 두 물줄기가 합쳐져 흘러내려가는데, 얼마 가지 않아 다른 많은 물줄기들이 여기에 합류한다. 라인 강은 독일과 네덜란드를 거쳐 북해로 흘러들어간다.

나일 강의 수원지를 찾아나선 모험담

강의 수원지를 찾는 거야 아주 간단하지 않느냐고 생각할지 모르겠다. 지리학자가 산에서 흘러내려오는 물줄기를 어떻게 못 찾겠어? 게다가, 나일 강과 같이 길고 유명한 강이라면 더더욱 그렇겠지. 그러나 그렇게 생각했다면, 틀렸다!

지리학자들은 수백 년 동안 나일 강의 수원지를 찾기 위해 이리저리 헤매고 다녔다. 아프리카 어딘가에 있다는 것은 확실했지만, 아프리카라는 땅 덩어리가 좀 넓어야 말이지! 게다가, 그 당시에는 아프리카의 대부분 지역은 전혀 탐사가 이루어지지 않았거든. 몇몇 용감한 탐험대가 나일 강의 수원지를 찾아나섰지만(심지어 로마 황제 네로도 탐험대를 보냈다), 모두 실패한 채 돌아왔다. 도대체 나일 강은 어디에서 시작되는 것일까? 그것은 지리학자들의 수수께끼로 남아 있었다. 그러다가 1856년 어느 날, 용감한 두 탐험가가 그 수수께끼를 풀기 위해 아프리카로 떠났다. 그 두 탐험가는 리처드 프랜시스 버턴(Richard Francis Burton ; 1821~1890)과 존 해닝 스피크(John Hanning Speke ; 1827~1864)였다.

제1부: 수원지를 찾기 위한 탐험

1856년 12월 19일, 버턴과 스피크는 인도양의 잔지바르 섬에 도착해, 거기서 아프리카 탐험 계획을 세웠다. 두 사람은 일찍이 어떤 유럽 인도 땅을 밟은 적이 없는 지역을 탐험하기로 계획을 세웠다.

두 사람은 식량과 필요한 물품을 챙기느라 앞날에 대한 걱정 따위는 할 틈도 없었다. 적어도 1년은 소요될 탐험을 하려면 엄청난 물자와 그것을 나를 사람들이 필요했다(두 사람은 탐험하느라 바쁠 테니 짐을 들 수 없었다). 그런데 버턴과 스피크는 각종 과학 도구, 서적, 연장, 약품 외에도 사치스럽게 시가 한 상자와 우산 4개, 브랜디 10여 병도 가져갔다. 아, 물론 의약품으로 사용하기 위해서라고 변명했지.

1857년 6월, 준비가 완료되자 마침내 탐험대는 배를 타고 아프리카로 향했다. 아프리카 내륙에 다다른 탐험대는 서쪽으로 탕가니카 호수를 향해 갔다. 거기서 그들은 베일에 싸인 나일 강의 수원지를 찾기 위해 북쪽의 산맥으로 갈 예정이었다. 탐험대는 8개월 동안 힘겨운 여행을 계속했다.

뜨거운 열기와 각다귀 때문에 탐험대는 고생이 심했다. 아프리카 원주민들도 탐험대를 항상 반갑게 맞이해 주지는 않았다. 그래도 버턴과 스피크는 나일 강의 수원지만 찾을 수 있다면 그 어떤 어려움도 다 감수할 각오가 돼 있었다. 그 어떤 일이라도! 그렇지만 도저히 참을 수 없는 것이 있었다.

두 사람은 서로 너무 마음이 맞지 않았다. 버턴은 이미 몇 차례 아프리카를 탐험한 경험이 있는 유명한 탐험가였다. 용감하고 똑똑한데다가 29개국어에 능통했는데, 흠이라면 성격이 좀 과격했고 외모도 좀 괴상하게 생겼다. 한 친구의 말을 빌리면….

"버턴처럼 무시무시한 얼굴을 가진 사람은 만나 본 적이 없어요. 눈은 야수같이 어둡고 잔인해 보였고, 하느님과 같은 이마와 악마와 같은 턱을 지녔지요."

반면에, 스피크는 용모가 깔끔하고 단정했다. 그러니까 한마디로 버턴과 모든 면에서 정반대였다. 또, 스피크는 고집이 센 게 흠이었다. 그는 버턴만큼 똑똑하지는 않았지만, 그래도 누구 밑에서 지시를 받는 걸 싫어했다. 두 사람은 탕가니카 호수에 도착할 때까지는 할 수 없이 동행했지만, 그 곳에 도착했을 무렵에는 단 한 마디도 주고받지 않는 사이가 되어 있었다. 다행히도, 두 사람 모두 크게 앓는 바람에 서로 다툴 여유가 없었다. 버턴은 거의 다리를 움직일 수 없게 되었고, 입에 궤양이 생겨서 음식도 제대로 먹지 못했다. 병을 앓고 난 스피크는 앞을 거의 볼 수 없었고, 귓속의 살을 파고 들어간 딱정벌레 때문에 귀까지 먹었다.

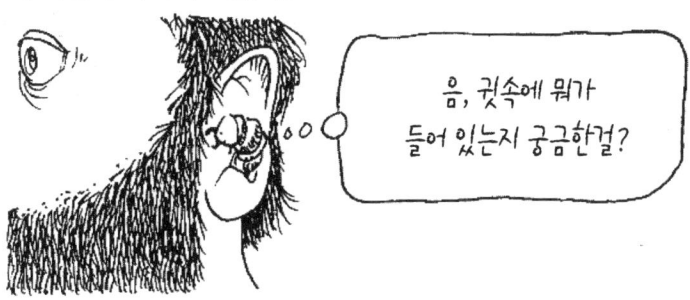

'음, 귓속에 뭐가 들어 있는지 궁금한걸?'

나일 강의 수원지는 어떻게 된 거냐고? 두 사람이 혹시 아프리카에 왜 왔는지 잊어 먹은 건 아니냐고? 그 수수께끼를 밝혀 줄 적임자로는 버턴 말고 또 누가 있겠는가! 그러면 버턴의 비밀 일기를 읽어 보자(버턴이 탐험 일기를 쓴 건 사실이지만, 아래에 소개한 것과는 아주 다르다는 사실을 알아 두길).

나의 탐험 일기

R. F. 버턴 씀

나
용감하고 똑똑함

스피크
못생기고 멍청함

1858년 2월, 아프리카 탕가니카 호수

드디어 도착했다! 8개월간의 힘든 탐험 끝에 우리는 마침내 탕가니카 호수에 도착했다. 정말 아름다운 호수다. 우리가 이 호수를 목격한 최초의 유럽인이다. 야호! 더 멋진 일은 내가 주장한 대로 탕가니카 호수 저 끝이 나일 강으로 흐른다는 것이다. 그러니까 탕가니카 호수가 나일 강의 수원지라는 거지. 정말로!

입에 난 궤양이 낫는 대로 내 주장이 맞는지 확인하러 갈 것이다. 그것도 아무개가 알아채지 못하게 '나 혼자서' 갈 것이다. 그 아무개가 누구인지는 알겠지? 히히!

그 후: 그런데 알고 보니 그 아무개가 나랑 똑같은 생각을 하고 있었다. 그 정신 사나운 친구는 카누 두 척을 발견하고는 그걸 타고 호수 위쪽으로 같이 올라가자고 하는 게 아닌가! 그는 분명 자기가 그 생각을 먼저 해냈다고 주장할 것이다.

다시 그 후: 우리는 호수 위쪽에서 수원지를 발견하지 못했다. 실망했지만, 그래도 내 생각이 옳다고 믿는다. 암, 그렇고말고.

1858년 9월, 아프리카 카제에서

지금 무슨 일이 일어났는지 알아? 망할 놈의 스피크 녀석이 호수 위를 저 혼자 몰래 갔다 왔다는 게 아닌가! 정말 열받게 하더군. 스피크는 나일 강의 진짜 수원지를 발견했다고 주장한다! 그것도 자기 혼자서 발견했다고 말이다! 그는 또 다른 호수도 발견해 거기다가 빅토리아 여왕의 이름을 붙여 주었다고 한다(속이 시커먼 녀석 같으니라고! 여왕에게서 훈장이라도 받겠다는 수작이야 뭐야?). 그리고 그 호수가 나일 강의 수원지라고? 흥, 어림도 없는 소리! 바보 같은 녀석, 남들이 얼마나 비웃는지도 모르나 봐. 그는 내가 먼저 나일 강의 수원지를 찾을까 봐 노심초사하고 있다. 그 곳이 진짜 나일 강의 수원지라는 걸 입증해 보라고 했더니, 녀석은 약간 씰룩거리더군. 그러니 단순히 추측에 불과하다는 걸 드러내 보인 셈이지. 어쨌든 난 이제 나일 강이 지긋지긋하다. 다시는 '나' 자도 입에 담지 않을 거야. 나일 강 수원지? 그 일은 이제 잊어버리기로 했다.

1859년 5월, 영국 런던

이번에는 스피크 녀석이 정말 너무 지나쳤다! 우리가 각자 제 갈 길을 가기로 하고 헤어질 때, 그 녀석은 내가 영국에 도착해서 그의 바보 같은 주장을 사람들한테 이야기하기 전까지 입을 다물기로 약속했다. 그런데 녀석은 약속을

어졌다. 그걸 예상 못 하다니! 녀석은 모든 사람들한테
그 이야기를 까발렸다. 그러자 사람들은 그의 주장이 옳은지
확인하기 위해 그를 다시 탐험에 보냈다고 한다. 녀석한테
속아 넘어간 거지. 아, 미칠 것만 같다! 하지만, 참자. 지금은
그가 이긴 듯이 보이지만, 내가 돌아가기만 하면…. 스피크
녀석, 본때를 보여 줄 테다.

1864년 9월, 영국 배스

　스피크 녀석이 또다시 내 예상에서 벗어나는 일을 했다!
정말 믿을 수 없다. 5년 동안 복수를 벼르면서 기다리고 또
기다렸는데, 무슨 일이 일어났는지 알아? 스피크 녀석이
아프리카에서 죽어 버렸다는 거야! 세상에 이렇게 이기적인
놈이 어디 있단 말인가! 그는 영국으로 돌아와 나일 강의
수원지를 마침내 찾아 냈다고 큰소리를 치면서 이목을
집중시키기로 돼 있었다. 물론 그는 아직도 확실한 증거는
하나도 찾지 못했다(내가 뭐라고 그랬어?). 그래서 나와
스피크가 사나이 대 사나이로 만나 결판을 짓기로 약속이
잡혀 있었다. 우리는 9월 16일로 약속 날짜를 잡아 놓았는데,
아 글쎄, 그 바보 같은 녀석이 사냥을 하다가 다른 사람의
총에 맞아 죽었다지 뭐야(사실, 나도 속으로는 기분이 좋지
않지만, 이런 기분을 남한테 털어놓을 수는 없다).

제2부: 수원지를 찾기 위한 탐험

데이비드 리빙스턴
정말 괜찮은 사나이

이제 나일 강의 수원지를 찾는 일은 영국 최고의 탐험가 데이비드 리빙스턴(David Livingstone ; 1813~1873)에게 맡겨졌다. 사람들은 리빙스턴이라면 그 문제를 해결할 것이라고 믿었다. 무엇보다도, 리빙스턴은 인품과 성격이 좋아 모든 사람과 관계가 좋았다(버턴과는 아주 대조적으로).

1856년 8월, 리빙스턴은 배를 타고 아프리카로 향했다. 리빙스턴은 버턴과 스피크가 애초부터 잘못 짚은 거라고 생각했다. 나일 강의 수원지는 그 곳보다 훨씬 남쪽에 있다고 리빙스턴은 생각했다. 그러나 수원지를 찾기 위한 탐험은 고난의 연속이었다. 얼마 안 가 탐험대원의 절반이 죽거나 도망치거나 병에 걸렸다. 리빙스턴 자신도 중병에 걸렸고, 결국에는 외부와 연락도 끊기고 말았다.

그로부터 몇 년의 세월이 흘렀다. 영국에서는 리빙스턴을 죽은 것으로 포기했다. 다행히도, 미국 사람들은 리빙스턴을 완전히 포기하지 않았다. 〈뉴욕 헤럴드〉지는 리빙스턴을 찾기 위해 기자 한 명을 아프리카로 보냈다(그리고 물론 나일 강의 수원지 문제도 해결하길 원했지). 그 기자의 이름은 헨리 모턴 스탠리(Henry Morton Stanley ; 1841~1904)였다

결론부터 말하자면, 1871년 11월 10일에 스탠리는 마침내 리빙스턴을 찾아 냈다.

리빙스턴을 만난 스탠리는 탐험에 대한 열정에 빠지게 되었다. 보급품을 위해 잠시 영국에 다녀온 뒤, 스탠리는 버턴과 스피크, 리빙스턴이 주장한 수원지를 모두 찾아가 보았다. 그리고 3년 후, 그는 마침내 나일 강의 진정한 수원지를 찾아 냈다(이번엔 정말이라구).

그렇다면 과연 그 수원지는 어디에 있었을까? 세 사람 중 누가 옳았을까?

a) 성질 사나운 버턴이 주장한 탕가니카 호수.
b) 약삭빠른 스피크가 주장한 빅토리아 호수.
c) 실종된 리빙스턴이 주장한 루알바 강.

진상 조사 X-파일 : 나일 강

이름 : 나일강

위치 : 아프리카 북부

길이 : 6695 km

수원지 : 빅토리아 호수

유역 : 334만 9000 km²

하구 : 이집트 해안에서 지중해로 유입된다.

놀라운 사실 :
- 세상에서 가장 긴 강이다.
- 두 개의 큰 지류가 있는데, 물 색깔 때문에 각각 백나일 강과 청나일 강이라 부른다.
- 고대 이집트인들은 나일 강변에 모여 살았다.
- "나일 강의 물을 한번 마신 사람은 다시 마시러 돌아온다." (고대 이집트 속담)

이렇게 해서 마침내 나일 강의 수원지가 발견되었다. 그와 함께 나일 강에 얽혀 있던 영원한 수수께끼도 풀렸다. 그러나 강에 대한 이야기는 아직 끝나지 않았다. 수원지는 강의 시작에 불과하다. 강의 모험 이야기는 아직도 많이 남아 있다. 그러면 흐르는 강물을 타고 다음 장으로 넘어가자!

강물의 침식, 운반, 퇴적 작용

강물은 구불구불 흘러서 바다로 흘러들어가는 것말고는 별로 하는 일이 없어 보이지? 그러나 그렇지 않다. 아무리 물살이 느린 게으른 강이라도 많은 일을 한다. 흐르는 강물의 힘은 실로 엄청나다. 수백만 년 동안 흐르면서 강은 주변의 자연 경관을 완전히 바꾸어 놓는다(선생님의 싸늘한 시선도 여러분의 얼굴에서 미소를 싹 달아나게 만들지만, 그 눈빛으로는 돌멩이 하나 못 움직인다).

그런데 물 혼자서 그 많은 일을 다 하는 것은 아니다. 강물은 수많은 돌과 진흙과 모래를 함께 휩쓸고 가는데, 그것은 예리한 칼날의 역할을 한다. 어떻게 그럴 수 있느냐고? 그러면 이제부터 세상을 변화시키는 침식 작용*에 대해 설명해 줄게.

*침식 작용이란, 강물이 흐르면서 땅을 깎아 내는 현상을 말하는 거죠!

침식 작용은 어떻게 일어나는가?

1. 지리학자들은 사물들에 제멋대로 이름을 갖다 붙인다. 그러니까 강을 그냥 강이라 부르길 싫어한다. 그러면 너무 쉬워서 보통 사람들과 구별이 되지 않잖아? 강이 운반하는 돌이나 진흙도 그냥 돌이나 진흙이라고 부르지 않는다. 통틀어서 운반물이라고 부른다. 운반물은 버스만한 큰 돌에서부터 자잘한 모래알까지 그 종류가 다양하다. 또, 그것이 강바닥에 가라앉

으면 퇴적물이라고 부른다.

2. 일부 운반물은 물에 녹아 물을 센물로 변하게 한다. 또, 일부 운반물은 물과 함께 떠내려간다. 아주 큰 돌이나 자갈은 강바닥에서 굴러 내려간다. 그래서 고리타분한 지리학자들은 이것을 하상 운반물이라 부른다.

3. 순수한 물은 맑고 투명하다. 그러나 강물이 너무 맑고 투명하면 재미없잖아? 사실, 대부분의 강은 거의 진흙색이다. 중국의 황허(黃河)도 이름 자체가 누런 강이란 뜻이잖아? 중국 대륙의 황토가 바람에 날려 강물에 흘러들었기 때문에 누런색을 띠게 된 거지. 황허가 얼마나 진흙탕 물이냐 하면, 황허에

한번 빠지면 다시는 깨끗해질 수가 없다는 말이 전해 내려온다. 중국인들은 '강물이 깨끗해지면'이란 말을 자주 하는데, 이것은 절대로 일어날 수 없는 일을 말할 때 쓰는 표현이다.

4. 운반물은 강바닥과 강가를 마치 사포로 문지르듯이 깎아 내는데, 어떤 운반물은 마치 거대한 망치처럼 바위들에 가 부딪쳐 바위들을 산산조각내기도 한다.

5. 물살이 빠를수록 더 크고 무거운 돌을 운반할 수가 있고, 강바닥을 깎는 침식 작용도 심하게 일어난다. 중류에서 강물의 속도가 느려지면 운반물은 많아지지만, 그 대부분은 진흙과 모래이다. 바다에 가까이 갈수록 강물은 점점 힘이 없어져서 운반물을 산더미처럼 내려놓게 된다. 더 이상 침식 작용은 일어나지 않는다. 그렇게 많은 일을 했으니 강도 이젠 기진맥진할 때가 됐지.

6. 침식 작용은 종종 아주 느리게 진행되어 눈치채기가 힘들

다. 수백만 년 동안 유심히 지켜보아야 그 효과를 볼 수 있을 정도이다. 계곡은 수백만 년 동안 서서히 지형이 깎여서 생긴 것이다. V자 모양으로 생긴 계곡을 V자곡이라 한다(강물이 흐르지 않는 계곡도 있는데, 강물이 계곡을 만든 다음 말라 버렸기 때문이다). 협곡은 양쪽 골짜기가 깎아지른 듯이 가파른 계곡을 말한다. 고소 공포증이 있는 사람은 이런 곳에 가지 말 것! 차마 아래를 내려다볼 수 없을 테니까. 그렇지만 높은 곳에 오르길 좋아하는 사람이라면, 다음 대회에 한번 참석해 보는 게 어때? 단, 우승하리란 기대는 하지 말 것.

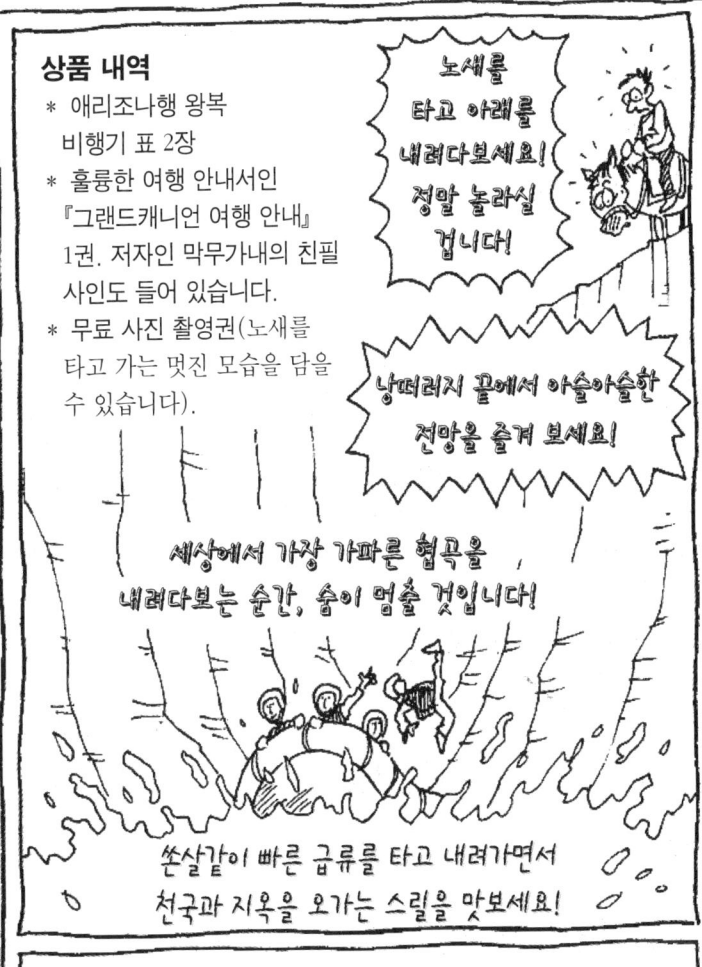

참가를 원하시는 분은 다음 장의 문제를 풀어야 합니다. 답을 모르시면 찍으셔도 좋습니다. 그리고 그랜드캐니언의 위치를 지도에 표시해야 합니다. 힌트를 하나 드리죠. 여러분은 이미 그 답을 읽었답니다!
그럼, 멋진 공포의 휴가가 되길 빕니다!

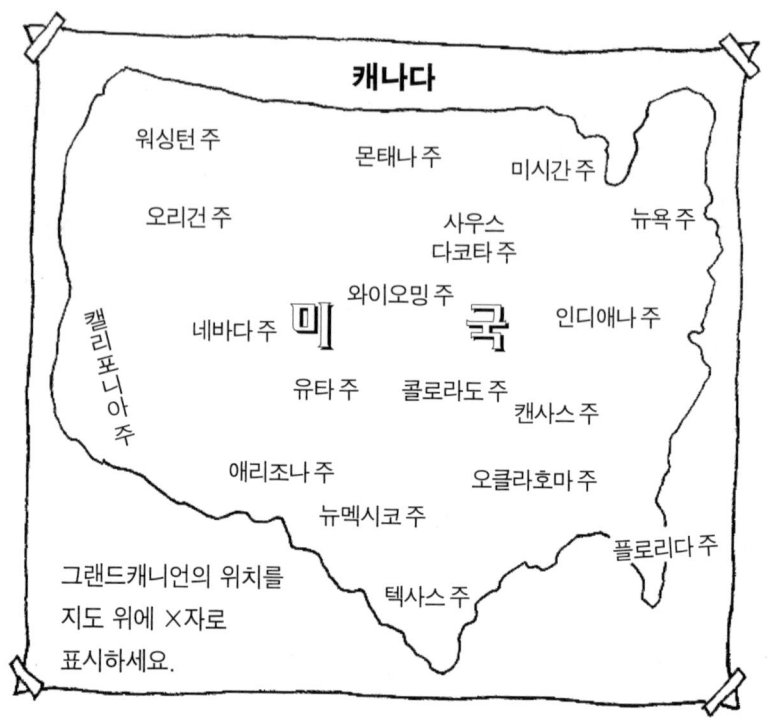

다음 물음에 답하세요.

1. 그랜드캐니언은 몇 살이나 되었을까요?
a) 600년   b) 6000년   c) 600만 년

2. 그랜드캐니언을 깎아 만든 강은?
a) 아마존 강
b) 콜로라도 강
c) 템스 강

3. 그랜드캐니언의 높이는 얼마나 될까요?
a) 1.6 km   b) 16 km   c) 160 km

문득, 아주 빠른 속도로 흐르는 기름진 강물처럼
내 옆에서 거대한 뭔가 물을 타고 흘러내려 오기
시작했다. 바로 그것은 그림자 드리고, 지금 달리는
열차들이 안에서 앞서가고 있습니다.

답:

'대훈! 이 문장의 정답은 숫자들을 모지 말자!

1. c) 그림드개인은 설북 계곡에 있는 열차들은 이집트나 아이가 늘
씨 더 빠른다. 정상 수로의 2년 5000여만 년 전에 생겨난 동식물이 화석
이 되어 있다. 그렇지만 그림드개인 맨 아래에 있는 열차들은 약식
20여 년 전에 만들어진 것이라고 한다!

2. b) 콜로라도강은 미국의 콜로 1 상류에서 시작되어 2000km 이상
을 흘러간다. 정책 골목으로 강 중앙에 약 446km² 정도 그림드개인이 아
주 있는데, 원체로 매시코에 되었고 들어간다 마지막직 콜로라
디강 속 통용된다. 콜로라도강의 평균으로 5000만 년 동안 홀러가 아
래를 지나간다.

3. a) 그림드개인은 계곡 아래에 아래까지의 폭이 약 1.6km나
된다. 그것은 마치 사방 벌집 피라미드에서 아래로 내려가는 것처럼 넓
다. 하지만 계곡이, 정상 위에 기자가지 계곡 아래쪽으로 내려가려
면 며칠이 걸린다. 어, 참말에 달랑도, 그림드
개개는 이 타지기 짝이 없이 장엄하여 한다, 술, 햇살 다녀 물 때 이주 좋아진
인 아침이나 레이블 때는 매우이 밝힌다. 반강렬이의 샘물도 볼 배
가 없었다. 망원령의 실행은 정상으로, 부드 단것 태양빛 타고 때로는 장거
강이 다시, 지쳐서 계계 하고 하는 동굴물은 그림자 놀이로 아지가기어 장기
의 감동을 해다 줄것!

★ 요건 알아야지!

강 때문에 지구는 점점 닳아 없어지고 있다. 끊임없이 흘러가는 강들은 매년 200억 톤의 돌과 모래, 진흙을 바다로 쓸어 간다. 따라서, 지표면은 1000년마다 약 8 cm씩 깎여 나가는 셈이다! 그렇다고 그렇게 불안에 떨 필요는 없어. 이것은 아주 천천히 일어나기 때문에 우리는 거의 그 차이를 알아채지 못한다. 선생님이 아무리 오래 사셨다 해도 그런 일이 일어나는 줄은 짐작도 못 할걸!

높은 곳에서 떨어지는 강물

강물의 엄청난 힘이 미치는 곳은 계곡뿐만이 아니다. 여러분이 어린 강이라고 상상해 보자. 자, 지금 여러분 앞에 단단한 바위 덩어리들이 가로막고 있다. 어떻게 하겠는가? 계속 밀고 흘러가겠는가, 아니면 포기하고 그냥 집으로 가겠는가? 계속 갈 거라고? 훌륭한 생각이다. 포기하고 돌아가는 것은 겁쟁이들이나 하는 짓이지. 그렇지만 몸이 심하게 덜컹거리는 것은 감수해야 할걸. 그런데 저 앞에서 들려 오는 저 큰 소리는 뭐지? 이제 폭포가 어떻게 생겼는지 그 사연을 알아보자.

1. 강물이 부드러운 바위와 단단한 바위 위를 흘러간다.
2. 수천 년이 지나면서 부드러운 바위들이 닳아 없어진다
3. 이제 단단한 바위들이 계단 모양으로 남게 된다.
4. …그리고 거친 강물이 계단의 가장자리에서 밑으로 떨어져 내린다!

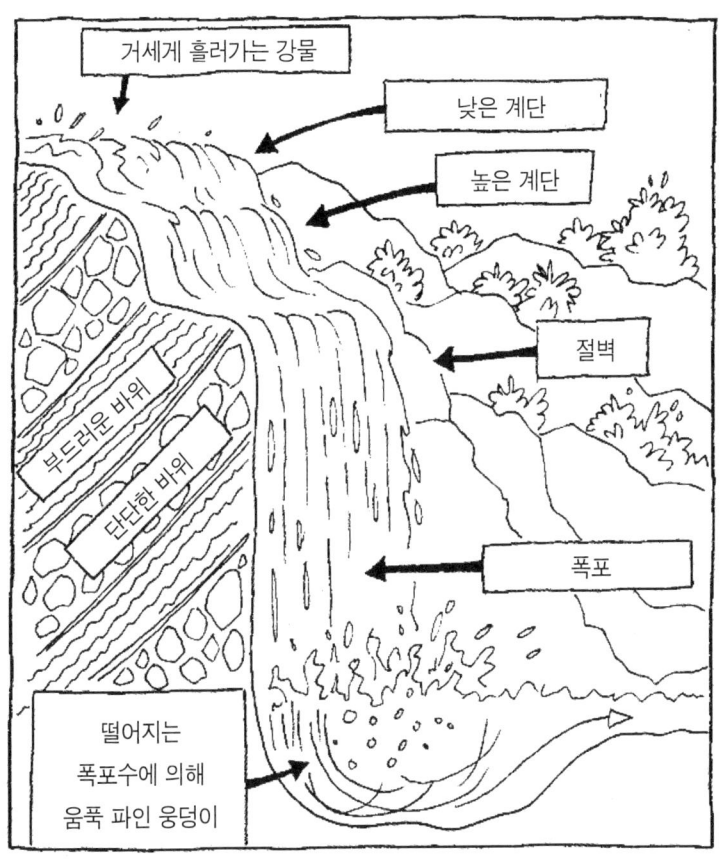

폭포에 관한 열 가지 사실

1. 10층짜리 건물을 생각하라. 그리고 그런 건물 27개가 포개져 있다고 상상해 보라. 그것이 바로 세계에서 가장 높은 앙헬 폭포의 높이이다. 앙헬 폭포는 베네수엘라의 추룬 강이 데빌스 산에서 979m 아래로 떨어져 내리는 것이다. 쏴아! 거대한 폭포들은 종종 땅이 천천히 침식되기까지 기다리지 못하고, 그냥 가장자리를 넘어 아래의 계곡이나 협곡으로 곧장 떨어져 내린다.

2. 앙헬 폭포(Angel Falls)란 이름은 영어로는 천사의 폭포란

뜻인데, 그 이름의 유래는 날개 달린 천사와는 아무 상관 없는 것이다. 그것은 비행기 조종사이자 탐험가인 미국의 지미 에인절(Jimmy Angel)의 이름에서 딴 것이다. 1935년, 에인절은 금광을 찾기 위해 비행기를 타고 산맥을 지나다가 우연히 이 폭포를 발견했다. 에인절은 폭포를 좀더 자세히 보려고 비행기를 폭포 옆에 불시착시켰다!

3. 어떤 폭포들은 떨어지는 물의 양이 정말 어마어마하다. 우기 때 남아메리카의 이과수 폭포에는 매초 올림픽 수영장 6개를 채울 만한 양의 물이 쏟아진다고 한다.

4. 빅토리아 폭포를 원주민들은 '천둥 소리를 내는 연기'라고 부른다. 멋진 표현이지? 여기서 말하는 연기는 수천억 개의 미세한 물방울로 이루어진 안개를 가리킨다. 그 물 소리가 얼마나 큰지 수 km 밖의 유리창이 깨질 정도라고 한다. 아프리카의 잠베지 강에 있는 폭포도 소리가 굉장하다. 그러니 거기 갈 때에는 반드시 귀마개를 착용하도록!

5. 앙헬 폭포에 비하면 나이아가라 폭포는 새발의 피에 지나지 않는다(높이가 1/20에 불과하니까). 그러나 크기가 전부는 아니다. 나이아가라 폭포는 세상에서 가장 인기 있는 폭포이다. 그런데 실은 나이아가라 강에는 폭포가 두 군데 있다. 캐나다 쪽에는 호스슈 폭포가, 미국 쪽에는 아메리칸 폭포가 있는데, 그 사이에 있는 고트 섬이 둘을 갈라 놓고 있다.

6. 폭포들은 점점 사라져 가고 있는데, 바위들이 침식되면서 폭포도 조금씩 뒤로 물러나기 때문이다. 인기 있는 나이아가라 폭포도 예외가 아니어서, 지난 12,000년 동안 11 km나 뒤로 물러났다. 흥분하지 마라! 아직도 시간은 넉넉하니까. 지리학자들 말로는 이러한 추세라면 나이아가라 폭포는 약 25,000년 뒤에는 수원지인 이리 호수까지 물러날 것이라고 한다. 그러면 나이가라 폭포는 사라지는 거지. 아, 슬퍼라!

7. 1969년에 아메리칸 폭포가 완전히 메말라 버렸다. 사실은, 사람들이 고의적으로 그렇게 한 것이다. 폭포가 붕괴할 위험이 있자, 폭포의 흐름을 멈추고, 바위의 갈라진 틈을 막는 공사를 했기 때문. 그래서 지금은 다시 멋진 폭포로 흐르고 있다.

8. 나이아가라 폭포에는 수많은 관광객이 몰려온다. 고트 섬에서도 폭포를 구경할 수 있고, 폭포 아래쪽에서 배를 타고 구경할 수도 있다. 또, 엘리베이터를 타고 폭포수 뒤에 숨겨진 바람의 동굴로 올라갈 수도 있다. 그렇지만 물에 흠뻑 젖을 마음의 준비를 단단히 하라.

9. 정말 용감하다면, 통 속에 들어가 폭포에서 떨어져 보는 게 어때? 미국의 안나 에드슨 테일러(Anna Edson Taylor)라는 교사가 그렇게 했다. 1901년 10월 24일, 테일러는 커다란 통 속에 들어간 다음, 폭포로 뛰어들었다! 그런데 놀랍게도, 몇 군데 타박상과 찰과상을 제외하곤 다친 데가 거의 없었다. 여러분의 선생님한테도 한번 해 보시라고 권하고 싶다고? 머리에 혹이 나고 싶지 않으면 그만두는 게 좋겠다. 게다가, 1919년부터는 폭포에서 위험한 묘기를 부리는 것이 금지되었다.

10. 테일러 선생님 외에도 용감하게(아니면, 제 정신이 아니거나) 괴상한 방법으로 폭포를 건너려고 한 사람이 많이 있었다.

프랑스의 장 프랑수아 그라블레(Jean-François Gravelet ; 1824~1897)는 '위대한 블롱댕('금발'이란 뜻)'이란 별명으로 더 유명했다. 그의 소름끼치는 모험담을 듣고 싶다고? 그럴 줄 알고 옛날 신문 기사를 찾아 냈지.

오늘의 세계 신문

1859년 10월 20일

나이아가라 폭포 위에서 벌어진 아슬아슬한 외줄타기 곡예!

어제 나이아가라 폭포에 수많은 사람들이 모여 목숨을 건 모험의 현장을 목격했다. 수천 명의 사람들이 불안한 표정으로 지켜보는 가운데 세계적인 곡예사 블롱댕은 폭포 위에 설치된 외줄을 타고 건너는 묘기를 보여 주었다. 그것도 매니저인 해리 콜코드를 등에 업고서! 게다가, 그는 블롱댕보다 두 배나 무거웠다!

한 명 더 올라탈 여유가 있고

콜코드는 나중에 이렇게 말했다. "이런 짓은 다시는 안 할 겁니다. 처음부터 끝까지 악몽이었어요. 게다가, 블롱댕은 6번이나 균형을 잃었어요! 나는 이제 다시는 땅에서 발을 떼지 않을 겁니다."

공포에 떤 사람은 콜코드뿐만이 아니었다. 몇몇 관중은 구경하다가 충격을 받아 졸도하기까지 했다.

블롱댕이 이런 과감한 묘기를 펼친 건 이번이 처음은 아니다. 세차게 흐르는 강물 위로 50 m 길이의 줄을 타고 건넌 적도 있었다. 그 때, 블롱댕은 머리카락이 쭈뼛 설 정도로 서늘한 묘기를 20분 동안 펼쳤다. 도중에 블롱댕은 물 한 잔과 와인 두 잔을 마시기 위해 줄 위에서 휴식을 취하기도 했다. 블롱댕은 물 위에서 하는 외줄타기 묘기를 너무 좋아해서 다음에 또 도전할 거라고 한다.

물론 그 후에도 블롱댕은 몇 번 더 이 묘기를 시도했는데, 한번은 눈을 가린 채 외바퀴 수레에 한 사람을 싣고 줄을 타기까지 했다.

외바퀴 수레를 밀고 강을 건너는 모습

무섭지 않느냐는 질문에 블롱댕은 "천만에요. 저는 다섯 살 때 아버지에게서 외줄 타는 법을 전수받았어요. 그래서 이제는 줄 타는 게 즐겁습니다. 샹젤리제 거리*를 활보하는 기분이죠"라고 대답했다.

앞으로도 외줄타기 묘기를 계속할 거냐는 질문에 블롱댕은 "물론이죠. 다음 번엔 양쪽 건물에 줄을 매달고 건널 겁니다"라고 자신 만만하게 대답했다.

우리 모두 블롱댕에게 행운을 빌자.

* 샹젤리제 거리는 파리의 유명한 거리이다.

아슬아슬 외줄타기

블롱댕은 외줄을 타고 나이아가라 폭포를 건너는 묘기로 부와 명성을 얻었지만, 비난의 목소리도 없지 않았다. 그 당시 여러 신문은 블롱댕을 '체포해야 할 얼간이'라고 불렀다.

그렇지만 블롱댕은 조금도 기가 죽지 않았다. 그는 그 후로도 죽마를 타고 외줄을 타는 등의 묘기를 계속하여 17차례나 나이아가라 폭포를 건넜다. 게다가, 한 번도 떨어지지 않고서! 한번은 중간 지점에서 줄 위에 앉더니, 휴대용 버너를 꺼내 여유 만만하게 달걀 프라이를 해 먹기까지 했다. 하기야, 야외에서 해 먹는 음식이 별미지!

★ 여러분의 건강을 위한 경고!
여러분은 절대로 집에서 이것을 흉내낼 생각을 하지 마라! 만약 거실에서 이런 짓을 하다가 엄마가 아끼는 도자기를 깼다가는 한 달 동안 용돈도 없고, 텔레비전 시청과 컴퓨터 게임을 못 하게 되는 불상사가 일어날 수도 있다. 게다가, 외줄타기는 블롱댕이 아무리 재미있고 스릴 넘치는 것이라고 말했다 하더라도, 진짜 위험한 묘기이다.

강물의 퇴적 작용

 자, 그럼 이제 서서히 속도가 느려지는 강물로 돌아가 보자. 물살이 느려지면 강물은 더 이상 운반물을 싣고 갈 수 없게 된다. 그래서 하구(강어귀)에 강물이 운반해 온 퇴적물이 산더미처럼 쌓이게 된다. 만약 조수의 흐름이 거세다면 퇴적물 중 일부는 바다로 쓸려 들어간다. 그렇지만 일부는 쌓여 하구에 새로운 지형을 만들어 낸다. 강물은 새로 생긴 지형을 돌아서 흘러가게 되어, 하구에는 강물의 흐름이 미로처럼 변하고, '삼각주'라는 모래섬이 생긴다. 자, 이제 삼각주에 관한 놀라운 사실들로 선생님을 멍하게 만들 때가 왔다.

 삼각주라는 뜻의 영어 단어 '델타(delta)'는 그리스의 역사학자 헤로도토스(Herodotos)가 지은 이름이다. 그는 새 책을 쓰기 위해 이집트를 여행하면서 정보를 수집하고 있었다. 그

때, 그는 나일 강의 하구가 그리스 문자 Δ(델타)처럼 생겼다는 사실을 깨달았다. 그래서 삼각주를 델타라 부르게 되었다.

그러나 지리학자들이 어떤 사람들이던가? 문제를 복잡하게 만들길 좋아하는 지리학자들은 삼각주에는 세 종류가 있다는 사실을 밝혀 냈다.

1. 궁형(弓形) : 활처럼 구부러져 있다는 뜻이지. 나일 강의 삼각주가 대표적인 궁형이다. 그런데 고대 이집트인들은 나일 강의 삼각주가 연꽃처럼 생겼다고 생각했다.

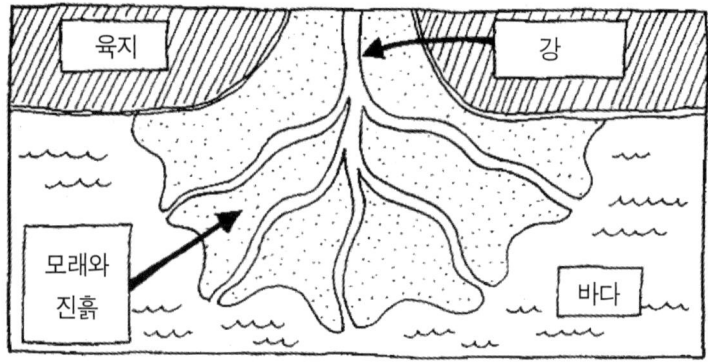

2. 첨형(尖形) : 끝이 뾰족한 모양의 삼각주를 말한다. 로물루스와 레무스 기억나지? 로마에 얽힌 처절한 사연 말야. 로마의 발상지인 티베르 강의 삼각주가 바로 이 모양이다.

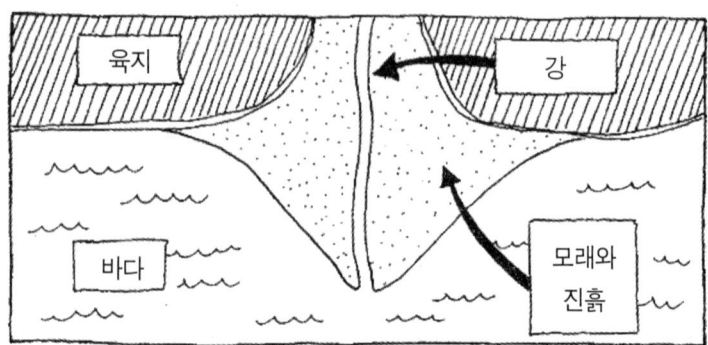

3. 새발형 : 하구에서 강들이 삼각주 사이로 갈라져 가는 모양이 마치 새 발가락과 같아서 붙은 이름이다. 미시시피 강 하구의 삼각주가 바로 이런 모양이다.

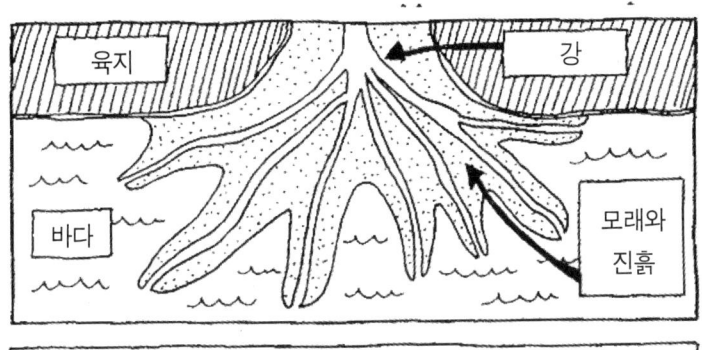

어떤 삼각주는 엄청나게 크다. 갠지스 강의 삼각주는 우리 나라 전체 면적의 7/10에 해당한다. 크기로 말한다면 아마존 강의 삼각주도 만만치 않다. 삼각주 하나의 크기가 스위스만 하니까. 그리고 어떤 삼각주들은 지금도 점점 커지고 있어. 미시시피 강은 매년 5억 톤 가량의 모래와 진흙을 삼각주에 계속 쌓아 놓아 삼각주는 점점 바다 쪽으로 더 뻗어 나가고 있다. 삼각주는 비옥하여 농작물이 잘 자란다. 곡식과 채소가 얼마나 잘 자라는지 몰라. 그렇지만 삼각주에서 살아가는 사람들은 큰 위험을 감수해야 한다. 지대가 낮은데다가 평지여서 강이 범람하면 금세 물 속에 잠기거든.

모든 강이 다 바다로 흘러드는 것은 아니다. 어떤 강물은 호수로 흘러들어간다. 심지어 아프리카의 오카방고 강은 놀랍게도 칼라하리 사막의 모래 속으로 흘러들어간다. 그렇지만 우기가 되면 사막의 풍경이 확 바뀐다. 강이 범람해서 사막의 삼각주는 축축한 늪지로 변해 갈대가 무성한 산호초와 같은 풍경을 연출한다. 물수리나 하마, 악어처럼 강에서 사는 수많은 동물들한테는 더할 나위 없는 안식처가 되지.

그건 저한테도 그래요! 이 곳은 제가 세상에서 제일 좋아하는 장소 중 하나예요. 물론 하마가 카누를 뒤집으면 낭패죠. 강에서 살아가는 야생 동물들이 궁금하다고요? 그렇다면 학교를 빼 먹고 아프리카 사파리 여행을 갈 필요까진 없어요! 그냥 저를 따라 다음 장으로 넘어가기만 하면 돼요. 그렇지만 조심하세요! 심신이 약한 어린이는 다음 장은 절대로 읽지 마세요! 거미나 쥐가 나타났다고 의자 위로 올라가는 사람이라면 단념하는 게 좋아요. 그냥 방에 틀어박혀 숙제나 하세요.

강물 속에 사는 생물

강에는 많은 야생 생물이 살고 있다. 그러나 정말로 강물 속은 생물이 살아가기에 좋은 곳일까? 실은, 많은 동식물에게 강에서 살아가는 것은 만만한 일이 아니다. 강은 살아가기에 아주 위험한 장소거든. 우선, 강 중에서도 어느 부분에 사느냐에 따라 삶이 달라진다….

상류

물이 차갑고 물살이 세며, 먹을 것도 많지 않다. 그렇지만 거품을 내며 흐르는 상류의 물에는 산소가 많이 들어 있다.

중류

물살이 좀 느려져서 수중 식물들이 모래 바닥에 뿌리를 내릴 수 있다. 벌레들은 식물들 사이에 못난 몸뚱이를 숨기고 산다. 안 그러면 배고픈 물고기한테 잡아먹히거든.

하류

물살이 아주 느리고, 수온은 따뜻하다. 어떤 장소에서는 정말 강물의 흐름이 정지하고 있는 듯하다. 물방개 같은 벌레들이 이런 조용한 연못 같은 물 속을 좋아한다.

강에 사는 생물의 특징

여러분은 지루한 지리 시간을 보내기 위해 어떤 것이 필요하지? 팝콘? 과자? 달콤한 단잠? 여러분과 마찬가지로, 강에서 살아가는 생물들도 생존을 위해 무언가가 필요하다(다시 생각해 보니, 이것들은 여러분에게도 필요한 것이군).

그것들은 다음과 같다.
- 숨쉬는 데 필요한 산소
- A에서 B로 도망치는 길
- 숨을 수 있는 안전한 장소

그렇다면 생물들은 이것들을 얻기 위해 어떻게 할까? 많은 생물들은 각자 독특한 방법을 사용한다. 어떤 것은 아주 엉뚱한가 하면, 어떤 것은 바보스럽기도 하다. 좀더 자세한 것을 알아 보기 위해 다음 퀴즈들을 풀어 보자.

살았니? 죽었니?

다음 쪽에 나오는 생물들은 강물에서 살아가기 위해 다음과 같은 특징을 지니고 있다고 한다. 만약 그것이 사실이면 '살았다!'를, 거짓이면 '죽었다!'를 선택하라. 잘 생각해야 한다. 생물들의 생사가 걸린 문제니까.

1. 물고기는 등에 산소통이 있어서 그것으로 숨을 쉰다. 살았다!/죽었다!
2. 마타마타거북은 스노클로 숨을 쉰다. 살았다!/죽었다!
3. 물총고기는 활과 화살을 이용해 음식을 사냥한다. 살았다!/죽었다!
4. 날도래는 그물로 먹을 걸 잡는다. 살았다!/죽었다!
5. 어떤 물고기는 배설물을 먹는 것을 좋아한다. 살았다!/죽었다!
6. 어떤 벌레들은 평생 머리를 모래에 처박고 산다. 살았다!/죽었다!
7. 메기는 주둥이로 바위에 들러붙는다. 살았다!/죽었다!
8. 물까마귀는 물을 싫어한다. 살았다!/죽었다!

답 :

1. 죽었다! 물고기는 등에 산소통을 지고 다니는 게 아니라, 물 속에 녹아 있는 산소를 마신다. 그렇지만 우리처럼 허파로 숨을 쉬는 게 아니라, 머리 양옆에 있는 아가미로 숨을 쉰다. 물고기가 입으로 얼마나 우스꽝스런 소리를 내는지 아는가? 입을 벌렸다 오므렸다 빨리 해 보라. 바로 그 소리다! 이런 동작을 하면서 물고기는 숨을 쉰다. 물고기는 아가미를 닫으면서 입을 벌리는데, 이 때 물이 입으로 들어온다. 그리고 입을 다물고 아가미를 열면 물이 밖으로 나간다. 이렇게 해서 얻은 산소는 물고기의 핏속으로 들어간다. 간단하지?

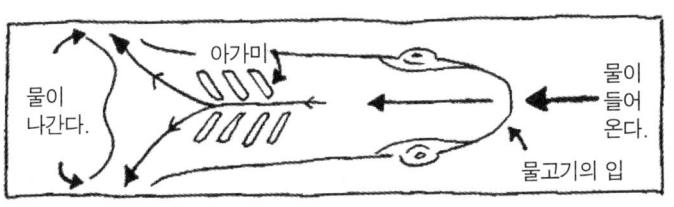

2. 살았다! 마타마타거북은 진흙으로 된 강 밑바닥을 어슬렁거리며 돌아다닌다. 그렇지만 물고기와는 달리 이 녀석은 공기 중의 산소를 들이마신다. 그래서 기다란 목을 물 밖으로 쭉 빼서 공기 중에 코와 입을 내놓는다. 그런데 마타마타거북은 이런 방법으로 거북이 거기 있는 줄 모르고 지나가는 물고기를 재빠른 솜씨로 잡아먹기도 한다. 정말 교활하지?

3. 죽었다! 물총고기는 이름 그대로 물총으로 사냥을 한다. 공중에 날아다니는 벌레나 수면 위에 사는 곤충을 잘 조준한 다음 … 한 방의 침을 물총처럼 퉤 뱉어 잡는 거지! 오, 노! 집 안에서는 절대로 따라하지 말 것!

4. 살았다! 날도래의 유충은 먹을 것이 거의 없는, 물살이 빠른 곳에 산다. 그렇지만 별로 걱정하지 않아도 돼. 이 못생긴 벌레들은 자갈 사이에 조그만 거미줄 같은 그물을 쳐 놓고 떠내려오는 작은 벌레들이 거기 걸리길 기다렸다가 잡아먹거든.

5. 살았다! 믿을 수 없겠지만 사실이다. 꽤 많은 수중 생물들이 배설물을 먹고 살아간다. 강 근처에 살던 식물들의 낙엽이 강으로 떨어지

면서 이야기는 시작된다. 날도래의 유충이나 가재와 같은 수중 동물들이 그것을 먹고 배설물을 내놓으면, 지저분한 물고기들이 달려들어 얼씨구나 하고 먹어 치운다.

6. 살았다! 투비펙스(tubifex)라는 벌레는 강바닥 진흙에 머리를 처박은 채 평생을 살아간다. 왜냐고? 녀석은 입으로 진흙 속에 있는 먹이를 빨아들이고, 긴 꼬리를 흔들어서 산소를 모으거든. 그러니까 다른 생물들과는 거꾸로 살아간다고 보면 된다. 정말 이상한 놈이지?

7. 살았다! 빠른 물살 속에서 무엇을 꽉 붙잡고 있기란 참 어렵다. 그래서 많은 동물들은 갈고리나 빨판을 이용해서 미끄러운 돌에 달라붙는다. 그렇지만 메기는 자기만의 특별한 개인기를 개발했다. 바로 그 큰 주둥이로 바위를 쭉쭉 빨면서 계속 붙어 있는 거야.

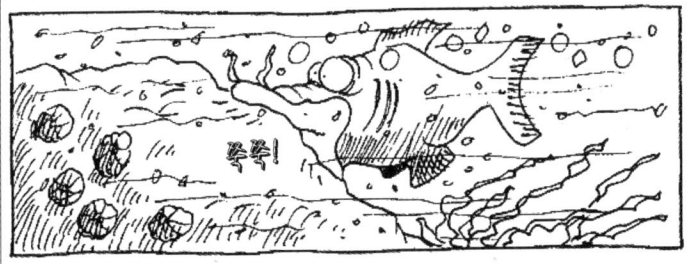

8. 죽었다! 물까마귀는 물을 좋아하고 무척 빠르다. 그래야 먹을 걸 잡을 수 있거든. 특히, 잠수하는 새들은 애벌레를 아주 좋아한다. 녀석들은 먹을 걸 구하기 위해 잠수를 하는데, 이 때 강 밑바닥을 걸으면서 날갯짓을 해서 균형을 잡는다. 그리고는 바위에 붙어 있는 애벌레를 잡아먹지. 날개는 두껍고 기름기가 많아서 보온 및 방수 역할을 하는 데 뛰어나다.

어때, 재미있지? 그런데 앞에서 겁만 잔뜩 주더니 좀 시시하다고? 하긴 그래. 물총고기나 날도래 유충 같은 거야 애완 동물 수준이지. 그래, 좀더 수준을 높여 주길 원한다 이거지? 좋아, 정 원한다면 더 축축하고 더 살벌한 강물 속의 야생 생태계를 보여 주겠다. 으스스한 아마존 강은 어때? 조심하라구! 앞으로 만날 녀석들은 정말 끔찍하거든. 특히, 녀석들이 점심 식사를 하지 않았다면 더더욱 조심해야 한다. 그래도 가고 싶다고? 나중에 딴소리하기 없기다!

진상 조사 X-파일
이름 : 아마존 강
위치 : 남아메리카
길이 : 6400 km
수원지 : 페루의 안데스 산맥
유역 : 705만 km²
하구 : 브라질에서 대서양으로 흘러들어감.
놀라운 사실 :
- 강물의 양이 세계 최대이다.
- 지류가 최소한 1000개나 됨(아직도 발견되지 않은 지류가 많이 있을지도 모른다).
- 최소한 1500여 종의 물고기가 서식하고 있다. 이것은 유럽 전체의 강들에서 사는 물고기 종류보다 10배가 넘고, 대서양 전체에 살고 있는 물고기의 종류보다 많다.
- 세계 최대의 열대 우림이 아마존 강변에 자라고 있다.

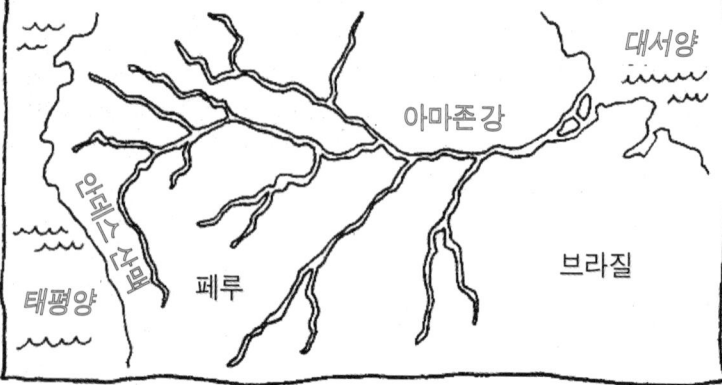

경계해야 할 아마존 동물들

막무가내입니다. 떠나기 전에 만날 수 있어 정말 다행이군요. 이 무시무시한 여행에 뛰어들 결심을 하셨다면 말리진 않겠습니다. 하지만, 이것은 꼭 보고 가세요. 저는 경찰들이 아마존 강에서 가장 위험한 동물들을 추적하는 일을 도와 왔답니다. 다음은 제가 가지고 있는 아마존의 가장 흉측한 범죄자들의 파일입니다. 잘 읽고 외워 두세요. 안 그러면 녀석들한테 잡아먹힐 테니까요!

이름 : 전기뱀장어

생김새 : 칼 모양의 물고기. 길이는 2 m. 성격이 매우 예민함.
전과 기록 : 무고한 물고기와 개구리를(사람도) 공격해 죽였음.
범죄 수법 : 충격적인 사실은, 전기(꼬리에서 만든)를 이용해 다른 동물을 살해한다는 것이다. 전기 충격은 1초 동안만 지속되지만, 전기뱀장어는 1시간 동안 재충전해야 한다.
천적 : 없음. 전기 충격으로 모든 적을 사살한다.
목격자의 증언 :

> 이렇게 끔찍한 충격은 처음입니다. 온종일 무릎과 모든 관절이 아프고 쑤셔서 혼났다니까요!

알렉산더 폰 훔볼트(Alexander von Humboldt ; 1769~1859)

이름 : 아나콘다

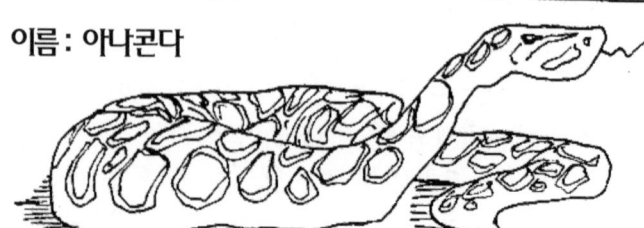

생김새 : 세계에서 가장 큰 뱀. 몸길이가 10 m, 허리 둘레는 1 m까지 자람(이런 뱀이 여러분을 꼭 껴안는다고 상상해 보라). 비늘 하나가 엄지손가락 손톱보다 크다.

전과 기록 : 사슴, 염소, 카이만(라틴 아메리카산 악어)을 잡아먹었음. 그렇다고 너무 공포에 질릴 필요는 없다. 사람도 먹어 봤는데, 맛이 별로였다고 하니까.

범죄 수법 : 긴 몸통으로 먹이감의 몸을 감아서 꽉 죈다. 죽을 때까지! 먹이가 질식해 죽으면 한입에 삼킨다. 꿀꺽!

위장술 : 강둑을 어슬렁거리면서 먹이를 기다린다. 몸통을 완전히 강물 속에 담근 채 코와 눈만 내밀고 있다가 재빠르게 먹이를 낚아챈다. 나무에도 잘 올라가는데, 마치 나뭇가지처럼 위장한다.

천적 : 어릴 때에는 스라소니나 카이만한테 잡아먹히지만, 어른이 되면 천하무적이다. 덩치가 하도 커서(무게가 250 kg 정도 나감) 감히 어떤 동물도 공격할 엄두를 못 낸다.

유의 사항 : 아나콘다한테 물리면 팔을 빼려고 하지 마라. 대신에 팔을 아나콘다 입 속으로 더 집어넣어라. 아나콘다의 이빨은 안쪽으로 향해 있어서 팔을 빼면 더 심하게 다친다. 그리고 팔을 더 잘 물려고 입을 벌릴 때 팔을 재빠르게 빼라. 살고 싶으면 난 미쳤다고 생각하고 팔을 더욱 집어넣어라!

이름 : 피라니아

이름 : 피라니아
생김새 : 몸길이 36 cm 정도의 날렵한 물고기. 민물에 사는 물고기 중 최고의 살인자.
전과 기록 : 작은 물고기에서 말에 이르기까지 움직이는 것은 모두 공격해 잡아먹었음. 사람을 공격한 적도 있음.
범죄 수법 : 면도날처럼 날카로운 삼각형 이빨로 먹이의 살점을 물어뜯는다. 피에 굶주린 피라니아 무리가 사냥을 할 때에는 황소 한 마리도 단 몇 분 만에 뼈만 남는다.

천적 : 인간. 그 중에서도 특히 원주민. 원주민은 식용으로 피라니아를 잡는다. 피라니아 맛은 닭고기하고 물고기 중간 맛이라고 한다.

용감하다면, 피라니아 낚시를 가 볼까?

준비물 :
- 활과 화살
- 독화살개구리 살갗에서 채취한 독. 이 독을 구하려면 여러분이 직접 독화살개구리를 잡아야 한다. 절대로 맨손으로 잡아선 안 된다! 원주민들이 하는 것처럼 나뭇잎으로 개구리를 둘러싸 잡아라. 그리고는 꼬챙이에 꿰어 불에 구워 독을 빼낸다. 힘들다면, 원주민 사냥꾼한테 조금만 나눠 달라고 부탁해 봐. 한 방울이면 충분하다! 그것만으로도 물고기 떼를 전멸시키고도 남을 테니까!

- 물이 새지 않는 카누 한 척

피라니아를 낚는 방법 :
1. 화살에 개구리 독을 묻힌다.
2. 강 한가운데까지 간다.
3. 잘 조준한 다음, 활을 쏜다.

4. 물고기를 끌어올릴 때 손을 조심하라!

맛있게 요리하는 법 : 바삭바삭한 생선 튀김을 만들려면 피라니아에 밀가루 반죽을 묻혀 살짝 튀긴다. 이빨은 먹지 말 것.

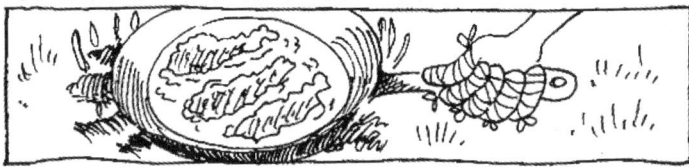

참고 사항 : 피라니아는 부당한 취급을 받아 왔다고 주장하는 사람들도 있습니다. 피라니아는 식인 물고기가 아니라, 야채나 과일을 즐겨 먹는 온순한 물고기라는 것이지요. 흥! 웃기는 소리예요! 그 사람들은 피라니아에게서 바비큐 파티 초대를 받으면 십 리는 달아날걸요.

조금도 주저하지 않고 피라니아 튀김 요리를 먹어 본 사람 중에 에스파냐의 군인이자 탐험가였던 외눈박이 프란시스코 데 오레야나(Francisco de Orellana ; 1490?~1546)라는 사람이 있다. 사실, 그는 피라니아뿐만 아니라 그 어떤 것이라도 먹을 준비가 되어 있었다. 자, 그러면 오레야나가 유럽 인으로서는 최초로 아마존강을 따라 배를 타고 대서양까지 내려가게 된 놀라운 이야기를 들려 주겠다. 그런데 그는 무지 배가 고픈 나머지 얼떨결에 그런 무모한 모험에 나섰다고 한다!

아마존 강을 따라 내려가 대서양을 건너다

에스파냐 사람들은 1540년에 남아메리카에 왔다. 그들은 오로지 한 가지 생각밖에 없었는데, 그것은 바로 금이었다! 강이나 야생 생물 따위엔 전혀 관심도 없었지. 빨리 부자가 되고 싶은 마음에서 무슨 수를 써서라도 돈만 벌면 된다고 생각하는 사람들이었다. 그들을 이끈 탐욕스런 지도자는 오레야나의 사촌인 곤살로 피사로(Gonzalo Pizarro)였다. 금이라곤 구경도 못 하고 몇 주간 계속 행군하던 에스파냐 군인들은 완전히 기진맥진한 상태로 나포 강에 도착했다. 게다가, 말이라도 잡아먹을 정도로 굶주려 있었다. 가져온 식량이 떨어지자, 몰고 온 말이며 돼지, 사냥개까지 먹어 치웠지만, 이제 그마저도 동이 났다. 그러자 피사로는 오레야나와 50명의 군인에게 식량을 구해 오라고 보냈다.

오레야나도 사촌을 버리고 떠날 생각은 없었다. 적어도 처음에는. 오레야나는 식량을 구해 다시 돌아오려고 했다. 정말로! 그러나 오레야나는 낡은 배를 타고 일 주일간 힘든 항해를 하고 나자, 다시 돌아갈 엄두가 나지 않았다. 도대체 누가 피는 물보다 진하다고 말했던가? 그 대신, 오레야나 일행은 계속 노를 저어가다가 아주 거대한 강을 만나게 되었다. 강이 얼마나 컸던지 그들은 처음에는 바다인 줄 알았다. 그것은 사실은 아마존 강이었다. 오레야나 일행은 강을 따라가면 대서양이 나올 것이고, 거기서 고향인 에스파냐로 돌아갈 수 있을 것이라고 생각했다.

그러나 대서양으로 가는 길은 험난하기만 했다. 오레야나 일행은 아마존 강의 길이조차 모르고 있었다. 강은 끝없이 펼쳐져 있는 것 같았고, 게다가 원주민들도 반갑게 대해 주지 않았다. 그야 당연하지! 오레야나는 식량이 필요하면 원주민 마을을 약탈했으니까. 오레야나는 이 거대한 강의 이름을 뭐라고 지을까 무척 고심했다. 그러다가 그는 활로 자기들을 공격해 온 원주민 여전사들을 보고 그리스 신화에 나오는 용감한 여전사 부족 아마존에서 이름을 따 왔다고 한다.

(그런데 이상한 것은 그 여전사들을 본 사람은 오레야나말고는 아무도 없다. 따라서, 오레야나의 주장이 옳은지는 아무도 알 수 없다.) 어쨌든 결론만 말하면, 결국 에스파냐 군대는 8개월 동안 4750km의 긴 여행 끝에 결국 바다에 도착했다.

고향으로 돌아온 오레야나는 어떻게 되었을까? 동료들을 배신한 혐의로 처벌을 받지 않았느냐고? 천만의 말씀! 그의 모험담을 들은 에스파냐 왕은 오레야나의 죄를 사면해 주었다. 오히려 오레야나는 승진까지 하여 에스파냐의 영토임을 주장하기 위해 다시 아마존 지역으로 파견되었다. 그러나 그는 그 임무를 완수하지 못했다. 무더위와 각다귀 등 온갖 역경을 이겨 내고 하구에 도착했을 때, 배가 뒤집히는 바람에 익사하고 말았거든.

한편, 불쌍한 피사로는 오레야나가 먹을 걸 잔뜩 안고 돌아오기만을 기다리고 있었다. 그러다가 마침내 희망을 버린 피사로는 군대를 이끌고 에콰도르의 키토로 돌아가기로 했다. 도중에 그들은 뱀이나 곤충을 잡아먹고, 심지어는 가죽 벨트나 안장을 삶아 먹기까지 했다(맛을 돋우기 위해 허브를 곁들여). 처음에 350명이 출발했으나, 도중에 많은 사람이 굶어 죽거나 병으로 낙오하거나 악어나 재규어에 잡아먹혀 키토에 돌아온 사람은 80명뿐이었다.

★ 요건 알아야지!
아마존 강에 관련된 것은 뭐든지 거대하다. 수련만 해도 그렇다. 학교 연못에 떠 있는 수련 따위는 비교도 안 된다. 아마존 강의 수련은 잎이 얼마나 큰지 여러분 동생이 그 위에 누워 놀 수 있을 정도이다. 가라앉을까 봐 걱정할 필요는 없다. 잎 속에는 공기가 가득 들어 있는 넓은 공간들이 있어서 물 위에 거뜬히 떠 있을 수 있으니까. 잎 아래쪽에는 날카로운 가시가 나 있어서 지나가는 물고기들이 잎을 쪼아먹는 것도 막아 준다!

강변에 정원 만들기

강변에 식물을 기르고 싶은데, 어떤 걸 심어야 할지 모르겠다고? 고민할 필요 없다. 그럴 줄 알고 그것을 가르쳐 줄 훌륭한 안내인을 준비해 두었으니까. 수련과 잡초도 구별하지 못하는 사람은 막무가내의 이모님인 새침이 여사에게 도움을 받도록 하라.

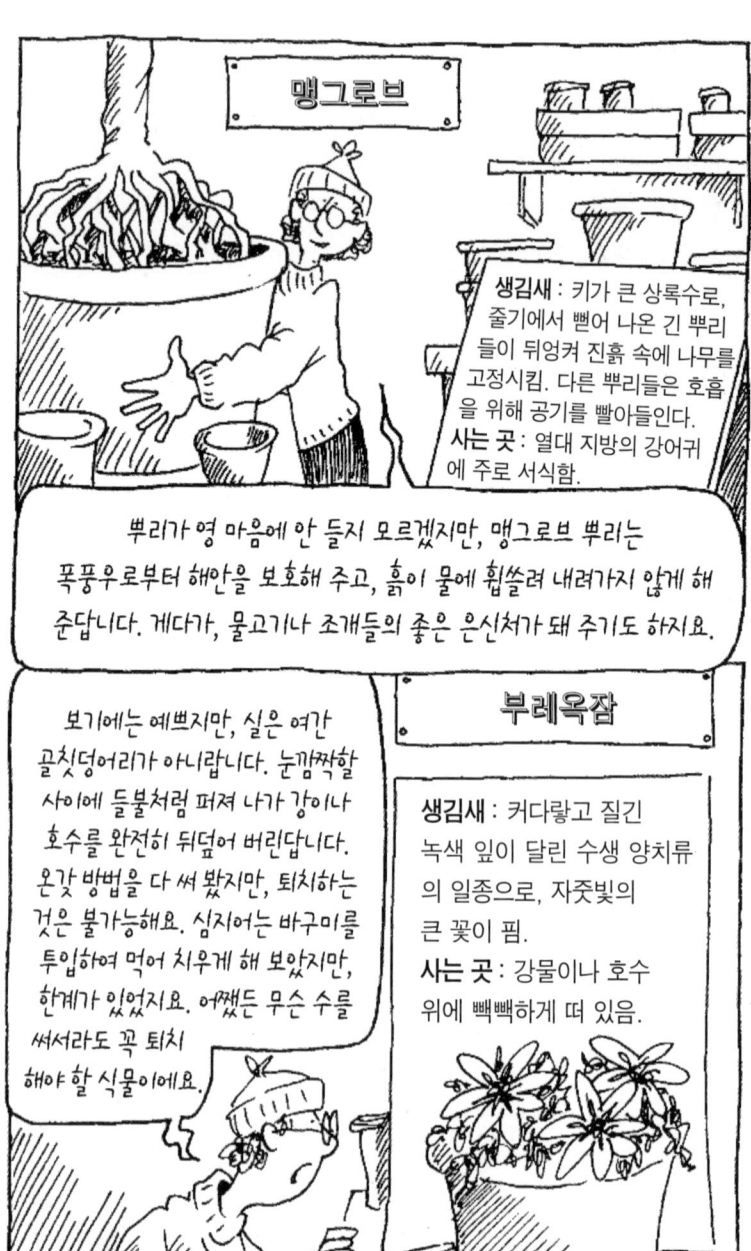

굶주린 피라니아, 무시무시한 전기뱀장어, 엄청나게 큰 수련 외에도 강 근처에는 희귀한 동식물이 많이 살고 있다. 그런데 강변의 풀들 사이에 그것보다 훨씬 괴상한 동물이 숨어 있다. 그것이 뭐게? 그건 바로 무시무시한 사람이지! 그럼, 다음 장에서 그 무시무시한 사람들에 대해 좀더 자세히 알아보자.

강에서 살아가는 사람들

온갖 위험에도 불구하고, 사람들은 수천 년 전부터 강변에서 살아왔다. 로마도 강변에 세워졌다는 이야기 기억나지? 로마뿐만이 아니야. 세상에서 가장 오래 된 도시나 문명은 모두 강변에서 일어났다. 강은 옛날에도 그랬지만, 지금도 사람에게 매우 중요하다. 심지어 시간 측정을 담당하고 있던 이집트인들은 강의 상태 변화를 바탕으로 달력을 만들기도 했다….

강을 보고 날짜를 정하다

고대 이집트인은 별들의 움직임을 보고 달력을 만들었다. 그 중에서도 특히 시리우스라는 별을 중요하게 여겼다. 이집트인들은 시리우스가 하늘에 나타나는 6월을 한 해가 시작되는 때로 생각했다. 그런데 도대체 이게 강과 무슨 관계가 있느냐고? 시리우스 별이 나타나는 때가 매년 나일 강이 범람을 시작하는 시기와 일치했기 때문이다. 봄에 쏟아진 많은 비와 에티오피아에 위치한 산맥들의 빙하가 녹은 물이 함께 흘러들어 범람한 나일 강이 6월에 이집트로 흘러오는 것이지. 강물은 영양분이 풍부한 검은 흙을 남겨 놓고 가기 때문에 이집트인들은 거기에 농작물을 심어 큰 수확을 올릴 수 있었다.

그렇지만 나일 강은 단지 새해가 시작되는 날을 알려 주는 역할만 한 것은 아니었다. 고대 이집트인에겐 일종의 생명의

젖줄 같은 존재였다. 이집트는 건조한 사막 지대라서 아무리 농사를 짓고 싶어도 식물이 자랄 수 없는 환경이었다. 따라서, 나일 강마저 없었더라면, 먹을 것은커녕 마실 물도 없었을 것이다. 그랬더라면, 우리도 이렇게 고대 이집트에 대해 골치 아프게 공부할 필요도 없을 텐데….

고대 이집트인이 나일 강에 얼마나 의지해 살아갔는가 알아보기 위해 이집트인이 사용한 시계를 살펴보기로 하자. 여러분이 이집트 농부가 되었다고 상상해 보자. 현실감을 더하기 위해 남자라면 하피, 여자라면 아누키스라고 부르는 게 어때?

이집트 농부가 된 여러분의 생활은 다음과 같을 것이다….

1. 6월에서 10월까지 : 강이 범람한다

강물이 넘쳐흘러서 논이 물에 잠기는 시기이다. 농부들은 땅 주인한테 땅을 빌려 농사를 짓고, 수확물 중 일부를 바친다. 다행히도, 여러분의 논은 농사 짓기 좋은 장소인 강가에 위치해 있군! 강에서 너무 멀리 떨어져 있다면, 강물이 범람을 해도 거기까지 닿진 않으니까 말이다. 그렇지만 강이 범람하면 일단 농사를 멈춰야 해. 휴식 시간이냐고? 천만에! 나라에서 벌이는 피라미드 공사나 왕의 무덤 축조 공사에 동원된다.

차라리 농사를 짓는 게 훨씬 편해!

2. 10월부터 3월까지 : 씨를 뿌리는 일

홍수가 그치면 공사 현장에서 논으로 돌아온다. 그 사이에 강물은 여러분의 논을 휩쓸고 지나갔다. 이제 황소 두 마리가 끄는 나무 쟁기를 붙잡고 열심히 논을 간다. 가난한 농부는 혼자서 쟁기를 끌어야 한다. 그런 다음, 영양이 풍부한 흙 위에 씨를 뿌리고, 김을 매고, 물을 대 주는 일이 잇따라 기다리고 있다. 정말 허리가 휠 정도로 힘든 노동이다!

주인이 다시 공사나 하러 갔으면 좋겠어!

3. 3월에서 6월까지: 추수철

부싯돌로 만든 긴 칼 모양의 낫을 잘 갈아서 농작물을 베어야 할 시기가 왔다. 세금 징수인도 곧이어 찾아올 것이다. 그 사람은 농사가 얼마나 잘 되었나 살펴보고, 땅 주인과 왕한테 바쳐야 할 농작물의 양을 결정한다. 그것을 바치지 못하면 여러분은 실컷 매를 맞게 되지. 이젠 좀 쉬고 싶다고? 잠깐 휴식 시간을 갖기 전에 논에 물을 대 주는 수로를 손보아 두어야 한다. 안 그러면 논이 바짝 말라 버리거든.

선생님 골려 주기

여러분이 이집트에 산다면, 지리 수업을 빼 먹어야 하는 이유를 선생님께 다음과 같이 말씀드려라.

도대체 무엇을 한다는 말일까?

> 답 : 여러분이 무엇을 할지는 모르겠지만, 고대 이집트인은 지난 해 홍수 때 강변의 바위들에 표시해 둔 것과 비교하며 강물의 수위를 점검했다. 수위가 너무 높으면 집이나 논이 모두 물에 잠기고 만다. 반대로, 수위가 너무 낮으면 …? 올 농사는 망치는 거지 뭐.

그렇지만 나일 강은 아스완 댐이 건설된 이후 더 이상 범람하지 않게 되었다. 아스완 댐이 수위를 조절해 주기 때문이다. 더 기쁜 소식은, 이제 이집트에 큰 홍수 피해가 일어나지 않게 되었다는 거지. 그렇지만 나쁜 소식도 있다. 홍수가 일어나지 않으니, 기름진 검은 흙을 더 이상 얻지 못하게 된 것이다.

그래서 이집트 농부들은 메마른 땅에 영양을 공급하기 위해 화학 비료를 써야 했다. 그러나 화학 비료는 돈이 들 뿐만 아니라, 강물을 오염시킨다.

강변에서 살아가는 생활

나일 강은 지금도 5000만 명의 이집트인에게 생명의 젖줄 역할을 하고 있다. 전세계에서 수억 명 이상이 강에 의지해 살아가고 있다. 그런데 왜 사람들은 그토록 강가에서 살기를 원할까? 도대체 강이 무엇을 주길래? 어떤 사람들은 강에서 얻을 수 있는 이점들을 강조한다. 그러나 어떤 사람들은 제발 강을 그대로 내버려 두자고 주장한다. 그런데 사람들이 강가에 사는 진짜 이유는 바로 강물 때문이다.

★ 요건 알아야지!
모든 생명체는 대부분 물로 이루어져 있다. 사람도 예외가 아니다. 여러분은 상추처럼 물을 흠뻑 머금은 적이 있는가? 물론 없을 것이다. 상추 잎은 구성 성분의 95%가 물이니까. 감자는 80%가 물이고, 사람은 70%가 물이니까 셋 중에서는 3등이다. 그래도 우리 몸의 2/3가 물인 셈이다. 그 2/3가 어떤 부분이냐고?

경이로운 물

여러분은 하루에 물을 얼마나 쓰는가? 아마 깊이 생각해 본 적은 없을 것이다. 놀라지 마라! 우리는 하루에 무려 150리터나 되는 엄청난 물을 쓰고 있다. 이것은 커다란 욕조를 두 번이나 채울 수 있고, 음료수 캔 600개에 해당하는 분량이다!

H_2O를 우리가 어떻게 이용하고 있는지 한번 나열해 볼까? 그러니까 여러분은 물을 다음과 같이 이용한다.

● **마시는 데.** 물은 생명을 유지하는 데 필수적이다. 물을 마시지 않으면 여러분은 며칠도 못 버티고 죽고 말 것이다. 그런데 우리가 마시는 물을 대부분 강에서 끌어 온다는 사실을 알고 있는지? 우리는 대개 수돗물을 받아 마신다. 그런데 수돗물은 어디서 보내 오지? 수도 꼭지에서 물이 나오기까지의 과정을 살펴보자.

1. 강을 가로질러 댐을 건설한다.

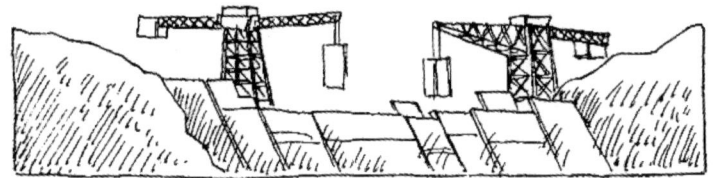

2. 거대한 호수 같은 저수지가 생긴다.

3. 관을 통해 정수장으로 물을 보내 정수 처리 과정을 거친다.
4. 먼저, 나뭇가지나 잎 등의 이물질을 걸러 낸다.
5. 그런 다음, 물은 미세한 모래층을 지나면서 그 밖의 작은 물질들이 걸러진다.
6. 여기에 염소 기체를 첨가해 각종 세균을 죽인다.
7. 깨끗한 물을 지하에 매설된 수도관을 통해 각 가정으로 보낸다.

★ 요건 알아야지!

여러분은 정말 복받은 사람이다. 가난한 나라에 사는 많은 사람들은 정수하지도 않은 강물을 그대로 마시거든. 그런 강물은 배설물과 각종 쓰레기가 마구 섞여 들어가 많은 세균들이 득실거린다. 그래서 콜레라나 이질과 같은 전염병이나 심한 설사병에 걸리는 사람들이 많다. 더욱 운이 나쁜 사람들은 그나마 근처에 강물이 없어서 매일 수 km씩 걸어가 더러운 물을 길어 와야 한다. 다음 번에 수도 꼭지를 틀 때에는 그런 사람들을 한 번쯤 생각해 보도록!

● 씻거나 목욕하는 데. 하루에 여러분의 몸이나 그릇 따위를 씻는 데 사용하는 물이 수백 리터나 된다. 즉, 목욕을 한 번 할 때마다 80리터, 변기를 한 번 내릴 때마다 10리터, 세탁기를 한 번 돌릴 때마다 100리터를 사용한다.

1. 욕조를 사용하는 대신에 샤워를 한다. 그러면 50리터의 물을 절약할 수 있다(물론 여러분처럼 악취가 많이 나는 사람은 물이 좀더 많이 필요하겠지만).

2. 양치질을 하는 동안에 반드시 수도 꼭지를 잠근다(뭐라고? 물을 아끼기 위해 양치질을 안 한 지 오래 되었다구?).

3. 변기 물탱크에 벽돌을 하나 넣어 둔다(먼저 그래도 되는지 물어 보고 나서). 그러면 물을 한 번 내릴 때마다 변기 물을 1/3 정도 절약할 수 있다(염려 마라. 그래도 잘 내려가니까).

● 논에 물을 대는 데. 농사를 짓는 데에도 많은 물이 필요하다. 1 kg의 쌀을 수확하려면 욕조 35통 분량의 물이 필요하다. 세계 최대의 곡창 지대 중 일부는 물의 공급이 풍부한 삼각주 주변에 위치하고 있다. 베트남의 메콩 강 삼각주가 그런 예이다. 이 거대한 곡창 지대에서는 베트남 전체의 쌀 생산량 중 절반이 생산된다. 그러나 물이 저절로 알아서 논으로 가는 건 아니다. 사람이 펌프로 물을 퍼올리거나 수로나 운하를 파서 물을 논으로 대 주어야 한다. 심지어는 컴퓨터로 물의 양을 조절하기까지 한다. 이러한 과정을 고상한 말로 '관개'라고 한다.

고대 이집트인은 관개에 대해 잘 알고 있었다. 그들은 샤두프라는 기발한 도구를 만들어 논에 물을 대 주었다. 그 원리는 아주 간단하면서도 천재적이다. 샤두프는 아주 효율적이라서 지금도 사용되고 있다. 그러면 직접 샤두프를 만들어 볼까?

준비물:
- 1.5 m 길이의 가늘고 튼튼한 지팡이
- 1.75 m 길이의 가늘고 튼튼한 지팡이
- 밧줄이나 질긴 끈
- 작은 물통 하나
- 모래 주머니 하나(참고: 모래 주머니의 크기를 결정하려면, 물통에 물을 가득 붓는다. 모래 주머니의 무게는 물통의 무게와 같아야 한다.)
- 도와 줄 힘센 어른 한 명

해야 할 일:

1. 지팡이 세 개를 묶어 원추형 천막처럼 만든다.

2. 그것을 땅에 단단하게 고정시킨다.
3. 그 꼭대기에 가장 긴 지팡이의 가운뎃부분을 묶는다. 이 지팡이는 지렛대로 사용될 것이다.
4. 그리고 한쪽에 물통을 매달고….
5. 반대쪽에 모래 주머니를 매달아 손잡이로 사용한다.

샤두프의 작동 원리 :

  농부들은 샤두프로 강물을 끌어올려 논에다 물을 댄다. 우선 모래 주머니가 달린 부분을 밀어 올려 물통을 물 속으로 기울인다. 그런 다음, 모래 주머니를 아래로 내리면 물통에 물이 가득 담겨 올라온다. 간단하지? 이런 방법으로 농부 한 사람이 하루에 수천 리터의 물을 길어 올릴 수 있다. 일일이 물통에 물을 떠 오는 것보다 더 쉽고 간단한 방법이지(허리를 구부릴 필요도 없고). 그렇지만 아빠가 기르는 화초에 물을 줄 때엔 샤두프를 사용해도 되는지 꼭 물어 보고 사용하도록!

● 저녁거리를 잡는 데.

1. 최신식 장비를 갖춘 배는 필요 없다. 낚싯대나 낚시 바늘, 낚싯줄 따위도 잊어버려라. 아마존 원주민의 방식으로 물고기를 잡아 보기로 하자. 덩굴 식물의 뭉치로 물을 친다. 그러면 거기서 독성 즙이 스며 나와 물고기가 죽는다. 물고기가 물에 둥둥 뜨면 물통이나 그물로 건져 올리면 된다. 교묘하지?

2. 피라루쿠 물고기를 잡으려면 작은 보트만한 물통이 필요하다. 피라루쿠는 강에서 사는 물고기 중 몸집이 가장 크다. 아마존 강에서 사는 이 물고기의 무게는 자그마치 200 kg. 여러분보다 4배 이상 무겁다! 피라루쿠는 말려서도 먹고, 소금에 절여서도 먹는데, 대구 맛이 난다고 한다.

3. 강에 가기가 귀찮다면, 강을 집으로 끌어오면 된다. 메콩 강 삼각주에 사는 농부들은 거실 바닥 밑에 메기를 기른다! 그 사람들의 집은 강 위에 지어져 있거든. 그래서 매일 마룻바닥에 있는 뚜껑을 열어 먹이를 준다. 이렇게 통통하게 살찌운 물고기를 시장에다 내다 판다(애들은 따라하지 말 것! 그냥 금붕어나 길러라).

● 집 안을 환하게 밝히는 데. 전등을 켤 때, 전기가 어디서 오는지 궁금하게 여긴 적은 없는가? 그 답은… 그래 바로 강이다. 전부는 아니지만, 우리가 사용하는 전기 중 약 1/5은 강물로 만든다. 강물로 만든 전기는 값싸고 깨끗할뿐더러 강물은 늘 흐르잖아? 강에서 전기를 얻으려면 적당한 강과 댐이 필요하다. 강물이 댐을 지나가면서 터빈이라는 칼날이 달린 바퀴를 돌리고, 그것이 발전기를 돌려 전기를 생산한다.

강물의 힘으로 전기를 만드는 것을 수력 발전이라고 한다. 강물이 떨어져 내리는 높이가 높을수록 수력 발전에 이상적이다. 그래서 나이아가라 폭포는 많은 전기를 생산하고 있다.

● 공장을 가동하는 데. 자동차 한 대를 만드는 데 얼마만큼의 물이 필요할까? 욕조 50개를 채울 만큼의 물이 필요하다. 이 물은 자동차 한 대에 필요한 강철을 만드는 데 사용된다. 공장에서는 제품을 만들어 내는 데 아주 많은 물을 사용한다. 원료를 깨끗이 씻고, 혼합하고, 열을 식히는 데 물이 사용된다. 많은 공장들이 강 근처에 자리잡고 있는 것은 물을 편리하게 이용하기 위한 것이다. 라인 강을 예로 살펴볼까?

진상 조사 X-파일
이름 : 라인 강
위치 : 중앙 유럽
길이 : 1390 km
수원지 : 스위스 알프스 산맥에 있는 작은 두 개천
하구 : 네덜란드의 로테르담 근처에서 북해로 흘러들어간다.
놀라운 사실 :
- 유럽의 중심부의 많은 선진 공업국을 지나가기 때문에 세계에서 가장 바쁜 강이다. 강철, 철광석, 석탄, 목재, 휘발유 등을 실어 나르는 수많은 배들이 지나다닌다.
- 로테르담은 세계에서 가장 혼잡한 항구이다. 해마다 로테르담 항구에서만 약 3억 톤의 화물이 처리되고, 약 3만 척의 배가 입항한다.
- 라인 강의 지류중 하나인 루르 강 양쪽 기슭에는 화학 물질, 철, 강철, 자동차, 컴퓨터를 생산하는 공장들이 수백 개나 늘어서 있다.

★ 요건 알아야지!

1970년 무렵에 수많은 공장들과 농가들이 라인 강에 오염 물질을 마구 버리는 바람에 라인 강은 죽었다고 공표되었다! 그 때부터 대대적인 정화 작업이 시작되었다. 그런데 1986년에 상황을 더욱 악화시키는 사건이 일어났다. 스위스의 어느 화학 공장에서 화재가 일어나 30톤의 독성 물질이 강으로 흘러들어간 것이다. 이 죽음의 화학 물질은 강을 붉게 물들였고, 50만 마리의 물고기가 떼죽음을 당했다. 끔찍한 재앙이었다! 그 때, 라인 강 일부는 폐쇄되었고, 강을 살리기 위한 운동을 처음부터 다시 시작해야 했다.

강에서 장난치며 놀기

그 밖에 강에서 할 수 있는 일이 또 뭐가 있을까? 물장구치며 노는 거? 물론 좋지(그렇지만 조심해야 한다, 강도 위험하거든). 그렇지만 빠른 물살 위에서 스릴을 즐기고 싶다면, 해마다 스포츠 경기가 열리는 '느려 터진 물결' 마을을 방문해 보는 게 어때?

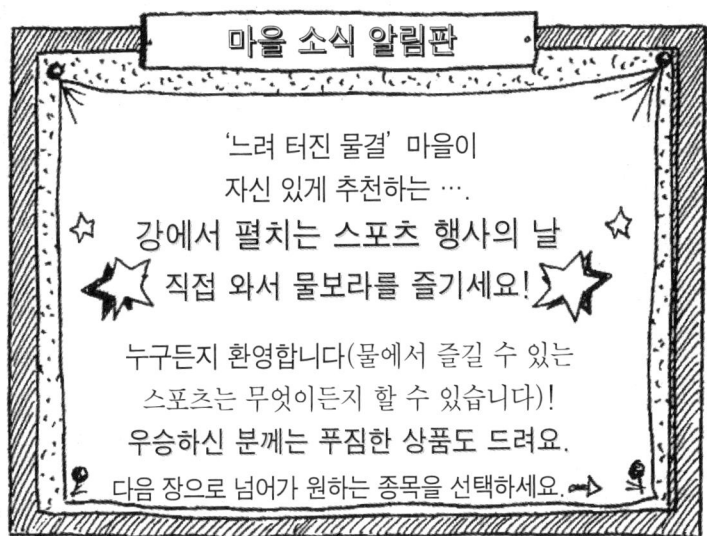

> **★ 요건 알아야지!**
>
> 만약 여러분이 1700년대에 영국에 살았다면, 템스 강에서 아주 색다른 경험을 할 수 있었을 것이다. 그 당시에는 겨울이 무척 추워서 템스 강이 꽁꽁 얼었다. 코끼리도 건널 수 있을 정도로 말이야(근처에 코끼리만 있었다면). 아주 춥지 않은 날이면 사람들은 강가에 나와 즐거운 한때를 보냈다. 서커스, 꼭두각시 인형극, 스케이트, 양궁 등을 하면서. 1683년에서 1684년 사이의 겨울에는 여우 사냥 대회까지 열렸다. 그리고 집으로 돌아갈 때에는 얼음으로 만든 템스 강 방문 증서를 기념품으로 나눠 주기까지 했다고 한다.
>
>
>
> 안타깝게도, 이제 그런 것은 불가능하다. 런던이 점점 커지면서 많은 열이 발생하고, 수많은 공장에서 뜨거운 물을 방출하기 때문. 그 결과, 기온이 올라가서 템스 강은 더 이상 얼지 않는다.

급류타기

정말 멋진 시간을 보내고 싶다면, 물살을 가르고 신나게 나아가는 래프팅을 해 보는 게 어때? 정말 해 보고 싶다고? 당연히 그래야지. 래프팅은 바위 장애물을 요리조리 피하면서 물살을 타고 내려가는 레저 스포츠이다. 고무 보트를 타고!

다시 생각해 봐야겠다고? 그렇다면 래프팅은 어떻게 하는 것인지 막무가내의 설명부터 잘 들어 보자구.

준비물 :

- 출렁이는 강물
- 질기고 강한 고무 보트
- 짧고 폭이 넓은 노(패들)
- 구명 조끼
- 잠수용 고무옷이랑 충격 방지 헬멧
- 함께 갈 5명의 희생자들(아니, 지원자들!)

해야 할 일 :

1. 강둑에서 고무 보트에 공기를 집어넣는다.

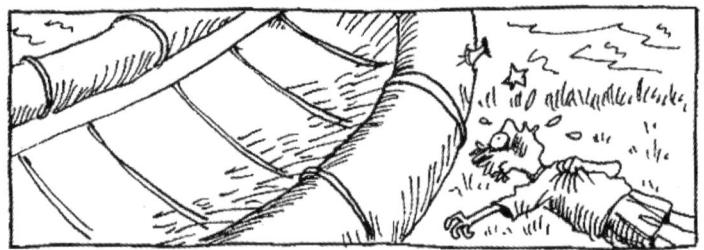

2. 고무 보트에 탄다. 배 양쪽 옆에 각각 세 사람씩 올라앉는다. 막무가내는 맨 뒤쪽에 앉아 배의 방향을 조종하고, 큰 소리로 지시를 내린다!

3. 강 한가운데까지 천천히 노를 저어 간 다음, 계속 앞으로 나아간다. 서로 박자를 맞춰 가며 노를 젓도록 하라.

4. 앞에 급류가 나타났다! 바위가 가장 적게 있는 지점을 골라 보트를 몰고 가라. 설마 고무 보트에 구멍이 나는 걸 원하진 않겠지? 보트가 강 한가운데 있다면, 막무가내는 계속 똑바로 가도록 노를 저으라고 소리칠 것이다. 오른쪽으로 방향을 바꾸려면 왼쪽에 있는 사람들이 계속 노를 젓고, 왼쪽으로 가려면 오른쪽에 있는 사람들이 계속 노를 저어야 한다(참고: 보트에 브레이크를 걸고 싶으면, 노를 반대 방향으로 저어라).

5. 급류에 충돌하는 순간, 배 밖으로 나가 떨어지지 않으려면 보트 밑바닥에 몸을 바짝 숙여라. 그리고 물에 흠뻑 젖을 각오를 하라!

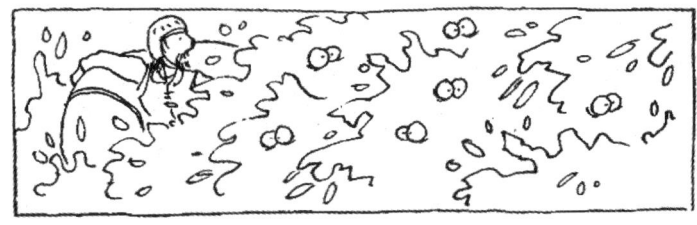

6. 운 좋게도 급류를 뚫고 나왔다면, 노를 저어 강둑으로 가서 배에서 내린다. 아직도 용기가 남아 있다면, 내리지 말고 다음 급류에 도전하라.

급류타기에서 살아남을 수 있는 몇 가지 충고

막무가내는 급류타기에서는 자기가 전문가라고 생각하는데, 정말인지 한번 지켜보자! 대신, 웃지 말기다!

● 우선 급류를 잘 선택해야 한다. 급류도 1에서 6까지 등급이 매겨져 있는데, 6등급은 '거의 불가능하고 아주 위험한 급류'로 전문가만 도전할 수 있다. 물살이 정말 거칠거든.

조금 쉬운 2등급부터 시작하는 게 나을걸….

아니면, 3등급부터 시작하든가….

● 급류를 탈 때에는 혼자보다는 팀의 일원으로 참가하는 것이 좋다. 전문가를 데려가면 더욱 좋겠지. 곤란한 문제가 생기면 전문가가 도와 줄 테니까. 전문가한테 곤란한 일이 먼저 생기지만 않는다면 말이다….

● 물 속에 빠졌을 경우에는 급류가 끝나는 지점까지 헤엄쳐 나오도록 최선을 다하라! 거기서부터 강둑까지는 쉽게 헤엄쳐 갈 수 있을 것이다. 그리고 어떤 경우라도 노를 꼭 붙잡고 있을 것. 노를 놓쳤다간 아주 어려운 지경에 처할 테니까….

급류타기가 체질에 맞지 않는다고 해서 실망하지는 마라. 여러분과 같은 처지에 있는 친구들도 아주 많으니까. 그리고 전문가들도 호언장담과는 달리 종종 어려운 처지에 빠지는 경우가 많다. 그러니까 차라리 편한 마음으로 강둑에 앉아 몸에 물 묻히지 말고 급류타기에 관한 책을 읽는 게 어때? 그리고 거기서 진짜로 생명을 걸고 강물의 물살에 도전한 사람들을 만나 보는 거야.

강물 따라 정처 없는 여행

오랜 옛날부터 사람들은 강을 이용해 여행을 해 왔다. 지겨운 자동차나 기차, 비행기는 싹 잊어버려라. 이웃 마을에 사는 친척을 만나러 갈 때에는 강을 타고 가는 것이 가장 빠른 길이었다. 오늘날에도 강은 물자 운송에 이용되고 있긴 하지만, 자동차나 기차나 비행기가 그 역할을 대신하게 되었다.

그런데 용감한 탐험가들은 어디로 가는지도 모른 채 강을 따라 여행을 하기도 했다. 탐험가들은 왜 그런 무모한 짓을 했을까? 물론 탐험에 성공했을 때 큰 포상금이 걸려 있는 경우도 있었다. 그러나 탐험가들이 그 위험한 탐험에 나선 가장 큰 이유는 단순히 남들이 해 보지 못한 스릴 넘치는 모험을 해 보고 싶다는 욕망 때문이었다.

니제르 강 탐험

18세기에 런던의 대표적인 지리학자들이 아프리카의 강들을 연구하는 협회를 만들었다.

그러나 그들의 마음 속에는 지리적 발견 외에 다른 야심이 숨어 있었다. 아프리카에 새로운 무역로를 개척해서 많은 돈을 벌 계획이었던 거지. 그들은 자신들 대신에 아프리카의 니제르강을 탐험할 사람을 애타게 찾고 있었다(그 때까지 파견했던 탐험가들은 모두 죽거나 실종되었다). 그러다가 1795년에

그들이 애타게 찾던 완벽한 자원자가 나타났다. 지원자는 젊고 예리한 멍고 파크(Mungo Park ; 1771~1806)라는 스코틀랜드인 의사였다. 그의 임무는 니제르 강의 수원지에서부터 하구까지 강물을 따라 탐험하는 것이었다. 그런데 우선 파크는 강부터 찾아야 했다. 그의 탐험은 말로 설명하기 어려울 정도로 고난의 연속이었다. 다음 페이지에 그가 탐험 도중에 상관인 헨리 보포이(Henry Beaufoy)에게 보낸 편지들을 소개한다. 물론 진짜 편지는 아니고, 만약 그가 편지를 보냈다면 그런 내용이 적혀 있지 않았을까 추측해 본 것이다….

진상 조사 X-파일

이름 : 니제르 강
있는 곳 : 서아프리카
길이 : 4200 km
수원지 : 기니의 푸타잘롱 고원에 있는 골짜기
하구 : 나이지리아의 기니 만에서 바다로 흘러들어간다.
놀라운 사실 :
- 나일 강과 콩고 강에 이어 아프리카에서 셋째로 긴 강이다.
- 삼각주에서 석유와 천연 가스가 발견되었다.
- 니제르란 이름은 '위대한 강'이란 뜻의 아프리카말 '은제르 은제레오'에서 비롯되었다.

니제르 강의 악몽

1796년 3월 30일, 아프리카의 어느 작은 마을

보또이 씨께

편지 잘 받아 보았습니다. 봉급을 올려 주신다니 감사드립니다(야호!). 일당 15실링이면 꽤 높은 봉급이죠. 그것도 정말 돈이 필요하던 참에 보내 주시다니 큰 도움이 되었습니다.

무슨 소식부터 전해야 할지 모르겠군요. 영국을 떠날 때만 해도 무척 즐거웠습니다. 배도 마음에 들었고, 날씨도 좋아 대서양을 횡단하는 데 단 30일밖에 안 걸렸으니까요. 아프리카에 닿자마자 계획대로 감비아 강을 타고 내려갔습니다. 그런 다음, 말을 타고 육로로 여행을 계속했습니다(말을 너무 오래 타서 지금도 엉덩이가 화끈화끈합니다).

며칠 동안 우리는 구릉진 초원 지대를 달렸습니다. 그리운 스코틀랜드의 구릉 지대가 생각나더군요. 날씨가 제일 견디기 힘들었습니다. 낮에는 뜨거운 열기에 숨을 쉴 수 없었고, 밤에는 추위가 뼛속까지 파고 들었습니다. 게다가, 쉴새없이 비가 내리는 때도 있었습니다. 그럴 때엔 별수없이 비를 맞아야 했죠. 제가 아끼는 우산은 원주민 추장의 눈에 들어 어쩔 수 없이 선물로 줘야 했거든요(사양이라곤 모르는 사람이더군요). 그래도 앞으로의 모험이 기대되고 반드시 목적을 달성하리라 생각했습니다. 그런데 크리스마스가 되자 상황이 아주 나빠졌습니다.

무자비한 도적 떼의 공격을 받아 가지고 있던 걸 모두 빼앗기고 말았거든요. 배꼽만 남겨 두고 홀딱 가져가 버렸어요! 그것도 백주 대낮에 말입니다! 설상가상으로 저는 스파이로 몰려 체포당했습니다. 스파이 짓이라곤 평생 해 본 적도 제가 말입니다! 전 화려한 언변으로 사태를 수습하려 했지만(제가 대화로 일을 얼마나 잘 해결하는지 아시잖아요?), 철창에 갇히는 신세가 되고 말았답니다.

지금 저는 보초들한테 뇌물을 먹여 탈출을 시도할까 생각 중입니다. 그렇지만, 지금 제게 있는 거라곤 걸치고 있는 누더기 옷뿐이랍니다. 이런 최악의 상황이 또 어디 있겠습니까! 만일 어떤 노파가 저한테 먹을 걸 주지 않았더라면 어떻게 되었을까요? 상상만 해도 끔찍합니다 (그러니까 봉급 인상은 정말 큰 도움이 될 겁니다).

그래도 다행스런 일은 모자 속에 숨겨 둔 소중한 종이 한 장은 강도한테 뺏기지 않았다는 겁니다. 제가 탐험하면서 이 지방의 각종 관습들을 일일이 기록해 둔 것인데(감옥 생활은 특별히 기록해 두었고요), 돌아가면 보여 드리겠습니다(돌아갈 수만 있다면요). 그 때까지 열심히 탐험에 몰두하겠습니다.

당신의 충실한
몽고 파크로부터

1796년 7월 20일, 말리 니제르 강가 세곤에서

보뜨이 씨께

　드디어 찾았어요! 결국 찾아 냈습니다! 니제르 강은 알려진 것처럼 서쪽이 아니라 동쪽으로 흐르더군요. 지금 제 기분은 아침 햇살을 받으며 웨스트민스터 성당에서 템스 강의 황금 물결을 바라보는 기분입니다. 정말 기쁘기 그지없습니다! 이렇게 흥분될 수가! 야호!

　그럼, 안녕히 계세요.
　멍고 파크로부터
추신 : 음, 죄송합니다. 너무 흥분해서 약간 정신이 나갔나 봅니다. 이런 낯 뜨거운 행동을 보이다니! 다시는 이렇게 흥분하지 않겠습니다.

1796년 7월 30일, 니제르강 상류 어딘가에서

보뜨이 씨께

　이제 탐험을 그만둘래요. 저는 최선을 다했지만, 더 이상은 할 수가 없어요. 이제 저도 지쳤습니다. 돈도 한 푼 없고, 말도 완전히 녹초가 됐어요. 카누 한 척 살 돈도 없거든요(또 강도를 만나 봉급을 몽땅 털렸어요). 죽기 일보 직전이지만, 그래도 저는 기진맥진한 말과 함께 하구를 찾으려고 강을 따라갔습니다. 그런데 열흘이 지났는데도 끝이 보이질 않습니다. 그 지방 추장한테 강물이 어디로 흐르는지 아느냐고 물어 봤더니, 근엄한 표정으로 이렇게 대답하더군요. "세상 끝까지"라고요. 저도 그 말이 끝이 끝대로 들리더군요.

　　　　　　　　　　　당신의 충실하지 못한
　　　　　　　　　　　멍고 파크로부터

기진맥진한데다가 무일푼이 된 멍고 파크는 좌절감에 싸인 채 고향으로 돌아갔다. 그는 한동안 감옥에 갇혀 있는 악몽에 시달렸지만, 곧 기력을 회복하여 아프리카 탐험 이야기를 써서 베스트셀러 작가가 되었다. 그리고 귀향길에 만난 앨리슨이라는 아가씨와 결혼해서 스코틀랜드에서 행복한 가정을 꾸몄다. 그러나 행복은 잠시였다. 행복한 삶을 살면서도 파크는 아프리카를 잊을 수 없었다. 그래서 니제르 강을 탐험하라는 제안이 오자, 파크는 즉시 달려갔지. 그리고 이번에는 아내한테 편지를 썼다….

1805년 6월 13일, 서아프리카 어딘가에서

사랑하는 앨리슨에게

여정의 절반 정도를 왔는데, 지금까지는 모든 것이 순조로웠어. 사실은…정말 너무너무 힘들어. 조금 전까지만 해도 그만 포기하고 떠나자는 이야기를 나누었어. 자꾸만 일정이 지연되고 있어. 우리와 합류하기로 한 군대가 오질 않는군(설령 온다 해도 성질 더러운 오합지졸일 거야). 게다가, 보급 물자도 다 떨어졌고.

어쨌든 우린 마침내 출발했어. 난 당신이 무슨 생각을 하고 있는지 알아. 곧 우기가 시작될 거야. 차라리 미쳐서 달아나 버리고 싶지만 선택의 여지가 있어야지. 여기서 더 머뭇거리면 우린 여행을 마치지 못할 거야. 그러니까 빨리 목적지에 도착할수록 더 빨리 집으로 돌아갈 수 있다고 생각해야지….

당신이 너무 그리워. 난 잘 있으니 제발 내 걱정은 하지 마.

당신의 충실한 남편, 멍고가

1805년 11월 17일, 니제르 강변의 산산딩에서

사랑하는 앨러슨에게
  8월 19일에 우리는 드디어 니제르 강에 도착했어. 편지가 늦어서 미안해. 좀 바빴거든. 사실은 상황이 점점 나빠지고 있어. 비가 계속 와서 여행 일정이 점점 지연되고 있어(당신의 예상이 맞았어). 생각이 제대로 박혀 있는 사람이라면 당장 포기하고 집으로 돌아갔을 거야. 하지만, 당신도 알다시피 난 일단 마음먹으면 끝장을 보는 성미잖아. 고집 센 늙은이라고 해도 어쩔 수 없어.
  마을 추장이 우리한테 카누 두 척을 줄 때까지만 해도 일이 잘 풀려 가나 싶었지. 그런데 알고 보니 구멍이 숭숭 나 있는 썩은 카누인 거 있지.

  그래서 내가 직접 좋은 나무를 골라 배 한 척을 만들었어. 물이 새긴 하지만, 나름대로 괜찮아. 지금은 그 배로 강물을 따라 하류로 내려가고 있어. 이제 조금만 있으면 우리의 여행도 끝이 날 거야.
  사랑하는 앨러슨, 이 편지는 배편보다 빠른 특별 우편으로 부쳤어. 그렇지만 이 편지가 도착하기도 전에 난 집에 돌아가 있을 거야. 당신이 여기에 있거나 내가 당신 곁에 있다면 얼마나 좋을까!

당신을 사랑하는
멍고가

비극적인 결말

결말이 행복하게 끝나는 이야기만 좋아한다면, 다음 이야기는 읽지 마라! 왜냐 하면, 앞의 편지는 멍고 파크가 아내한테 보내는 마지막 편지가 되었거든. 그리고는 소식이 끊겼어. 파크에게 길을 안내해 준 사람의 이야기에 따르면, 파크는 원주민과 하마의 공격을 물리치면서 2400 km를 혼자 노를 저어 갔다는 거야. 960 km만 더 내려가면 하구에 도착하게 돼 있었지. 그러나 거기서 매복해 있던 원주민에게 공격을 받았어. 싸움은 싱겁게 끝났지. 원주민에게 죽음을 당하느니 파크는 강물 속으로 뛰어들었고, 그 길로 물살에 떠내려간 거지.

물에 빠져 죽었느냐고? 대부분은 그렇게 생각했지. 그렇지만 영국에서는 한참 동안 니제르강가에 영국 말을 쓰는 붉은 머리카락의 키 큰 사람이 살고 있다는 소문이 떠돌았다….

그 후, 불쌍한 파크를 아프리카 대륙으로 보낸 아프리카 협회는 영국 정부에 흡수되고 말았다. 그러나 그들의 열정은 사그라들지 않았다. 그 후에도 여러 차례 탐험대를 보냈으니까. 1830년, 클래퍼턴(Clapperton) 형제가 니제르 강으로 떠났다. 처음에 사람들은 이 형제의 옷차림을 보고 비웃었다. 주황색 튜닉에 폭 넓은 바지, 우산같이 챙이 넓은 모자를 쓰고 있었으니까. 그러나 클래퍼턴 형제는 온갖 비웃음을 무릅쓰고 니제르강을 끝까지 여행해서 결국 니제르강의 정확한 지도를 작성하는 데 성공했다(그런데 온갖 역경을 이겨 낸 형제는 상금으로 겨우 100파운드를 받았다고 한다).

> ★ 요건 몰랐을걸!
> 사나운 원주민과 난폭한 하마는 사실 별로 무섭지 않다.
> 탐험가들이 제일 무서워했던 것은 강가 지역에 만연하는 치명적인 질병이였다. 다음에 강가에서 잘 걸리는 무시무시한 질병 세 가지를 소개한다. **주의**: 깔끔을 떠는 **성격인** 사람은 읽지 말 것(때마침 강에서 노를 젓고 사람도)!

강가에 떠도는 치명적인 질병

1. 말라리아

증상: 고열과 두통이 심하고, 땀을 비 오듯 흘리다가 결국 사망한다. 무더운 늪 지대에서 특히 치명적이다.

원인: 잔잔한 강물이나 호수 표면에 알을 낳는 말라리아모기가 병을 옮긴다. 굶주린 말라리아모기는 사람의 피를 빨아먹으면서 핏속에 치명적인 말라리아 기생충을 주사한다. 피에 굶주린 이 기생충은 다른 생물에도 기생한다. 섬뜩하지?

치료법: 치료제로 개발된 약을 복용하면 대개 치료된다. 일단은 모기한테 물리지 않는 게 최선이다. 모기약을 뿌리고, 모기장을 치고 잔다. 좀 특별한 걸 원한다면, 예전에 탐험가들이 사용하던 방법을 알려 주지. 얼굴에 진흙을 바르는 것이다! 그렇지만 그렇게 하고 싶진 않겠지?

2. 실명

증상: 피부가 무척 가렵고, 시력이 나빠지다가 최악의 경우에는 실명한다.

원인: 열대 지방의 강에서 사는 각다귀. 여러분을 물 때, 상처를 통해 침 속에 들어 있던 작은 유충들이 들어간다.

사람 몸 속으로 들어간 유충은 자란 다음 수백만 개의 알을 낳는다. 이 알은 다시 벌레가 돼서 몸 전체로 퍼진다. 눈 안에서 죽은 벌레들이 여러분의 눈을 멀게 만든다. 눈이 가렵지?

치료법: 매년 약을 복용하면 실명을 막을 수 있다. 각다귀가 서식하는 강가에 살충제를 뿌리는 것도 좋은 예방 방법이다.

3. 주혈흡충병

증상: 피부가 가렵고, 발진, 고열, 오한, 통증에 시달리다가 사망에 이른다. 간, 창자, 신장, 방광이 심하게 손상된다. 이것보다 더 심각한 사태도 없을 거야!

원인: 아주 작은 벌레들. 이 벌레들은 열대 지방의 강에 사는 달팽이 몸 속에 기생한다. 마침 여러분이 그 강에 들어가면, 작은 벌레들이 여러분의 살갗을 뚫고 핏속으로 들어간다. 그런 다음, 거기다가 알을 낳는 거지! 끄악!

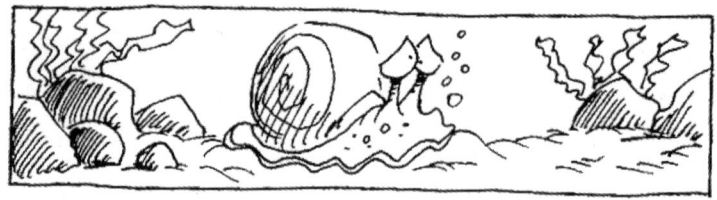

치료법: 물론 있다. 예방 주사를 한 대 맞거나 알약을 복용하면 된다.

여러분도 용감한 강 탐험가가 될 수 있을까?

여러분이라면 멍고 파크의 발자취를 쫓아 니제르 강을 여행할 수 있겠는가? 한번 그 장면을 상상해 보자…. 몇 km도 못 가서 다리는 아프고, 수백만 마리의 모기가 달려드는 것 같아 당장 집에 돌아가고 싶을걸! 다행히 돌아갈 길을 찾긴 했는데, 글쎄 그 길이 강 건너편에 있는 게 아닌가!

자, 그러면 여러분은 어떻게 해서 강을 건너겠는가? 다음 방법 중에서 어떤 방법이 가장 좋을까? 답을 고른 다음 128~132쪽의 정답과 비교해 보라.

1. 먼저 강을 건널 배를 선택한다. 그야 당연하지! 그런데 문제는 어떤 종류의 배를 선택하느냐 하는 것이다. 다음 중에서 강을 건너기에 가장 적합한 배는?

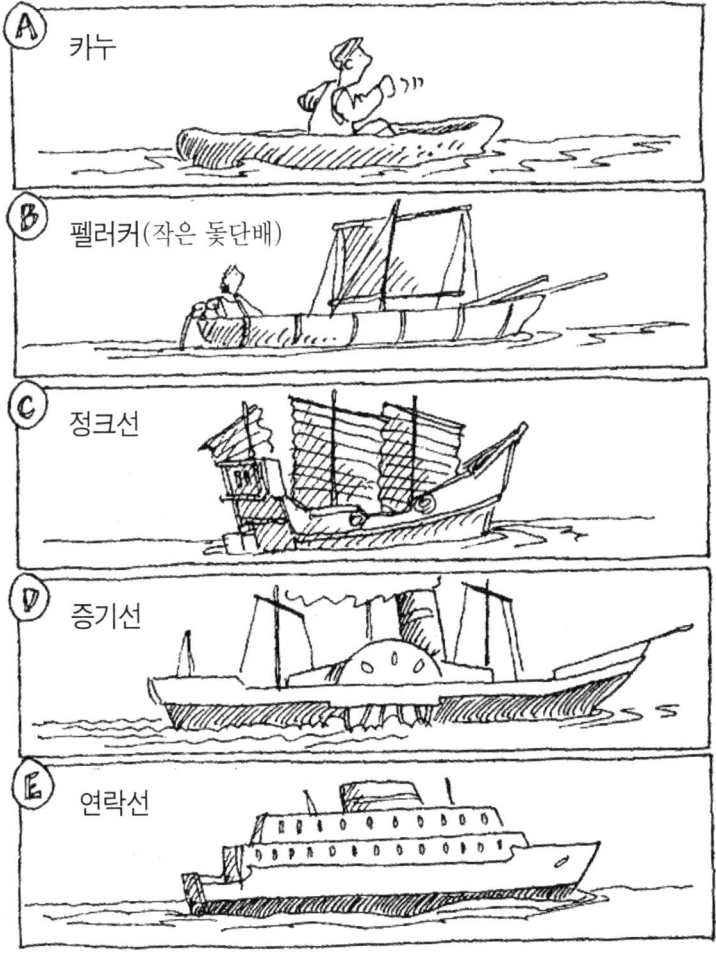

Ⓐ 카누
Ⓑ 펠러커(작은 돛단배)
Ⓒ 정크선
Ⓓ 증기선
Ⓔ 연락선

배를 타고 갈 때엔 모래톱을 조심하세요. 모래톱은 물살에 실려 온 모래가 강바닥에 쌓인 커다란 모래 언덕을 말해요. 모래톱은 아주 큰 위험이 될 수 있답니다. 문제는 모래톱이 눈에 보이지도 않을뿐더러 갑자기 위치가 변한다는 겁니다. 그래서 눈치를 채기도 전에 배가 모래톱에 걸려 침몰할 수도 있어요. 수로 안내인을 함께 데려가는 게 최선이에요. 수로 안내인은 강을 손바닥 보듯 훤히 알고 있거든요.

2. 강을 건널 다리를 만든다. 사람들은 수천 년 전부터 강을 건너가기 위해 수많은 다리를 건설해 왔다. 그런데 다리는 무엇으로 만들어야 할까? 다음 중에서 가장 나쁜 재료는 어떤 것일까?

a) 오래 된 통나무
b) 오래 된 밧줄
c) 오래 된 바위
d) 오래 된 사람의 머리

3. 강 밑으로 터널을 뚫는다. 힘내! 계속 파 내려가! 이것도 꽤 그럴 듯한 방법이다. 영국의 템스강 밑에는 몇 개의 터널이 지나가고 있다. 첫 번째 터널은 1842년, 영국의 공학자 마크 브루넬(Marc Brunel)이 건설했는데, 이것은 세계 최초의 수중 터널이다. 지금은 그 곳으로 지하철이 다닌다.

4. 수영을 해서 건넌다. 수영을 잘 한다면 숨을 깊게 들이마시고 강에 뛰어들어라. 만약 수영을 전혀 못 한다면, 도움을 줄 물건을 찾아야지. 익사하고 싶지 않으면 떠다니는 통나무라도 붙들고 목숨을 부지해야지. 아니면, 고대 아시리아인들처럼 돼지의 커다란 방광을 붙잡고 강을 건너든가! 그리고 강에 뛰어들기 전에 벌레 퇴치제를 몸에 잔뜩 바르는게 좋을걸.

5. 이도 저도 모두 실패하면 장대높이뛰기로 강을 건넌다. 그냥 전력을 다해 질주하여 훌쩍 뛰면 돼!

답 :
1. 모두 강을 건널 수 있지만, 어떤 강이냐에 따라 배의 종류도 달라진다.
  물살이 빠른 강에서는 카누가 안성맞춤이다. 가볍고 단단한데다가 조종이 쉽거든. 그러나 아주 물살이 센 곳에서는 주의해야 한다. 순식간에 물살에 휩쓸려 갈 수도 있거든. 강을 건널 때에는 약간 상류 쪽을 향해 노를 저으면서 나아가야 한다.
  강에 떠다니는 배들이 많으면 민첩한 펠러커가 좋다. 펠러커는 고대 이집트 시절부터 나일 강에서 사용되던 배이다.
  깊고 넓은 강에서는 중국의 정크선이 좋다. 아마 천하 무적이 된 기분이 들걸. 그런데 여러분은 힘이 센가? 수위가 너무 높거나 낮으면 배에서 내려서 배를 끌고 가야 하거든.
  물살이 거칠고 불규칙한 강에선 엔진이 달린 배가 필요하다. 모터보트도 좋지만, 고전적인 증기선을 타고 가면 주위의 친구들이 모두 부러워할 거야. 증기선이 가장 많이 떠다니는 강은 미시시피 강인데, 지금은 관광용 선박으로 사용되고 있다. 정말 낭만적일 것 같지? 어떤 증기선은 떠다니는 카지노로 불리기도 한다.
  아주 넓은 강에선 연락선이 좋다. 웬만한 큰 강에는 연락선이 한 척은 꼭 있다. 그렇지만 연락선을 타려면 일찍 가야 한다. 하루에 한 번만 운행을 하기 때문에 승객이 무척 많거든.
  역사적으로 유명한 강이라면 유람선도 좋다. 사치를 부리고 싶다면 나일 강을 오가는 유람선을 타 보는 거야. 갑판의 의자에 편안하게 앉아서 전망을 음미하는 기분이 그만이지.

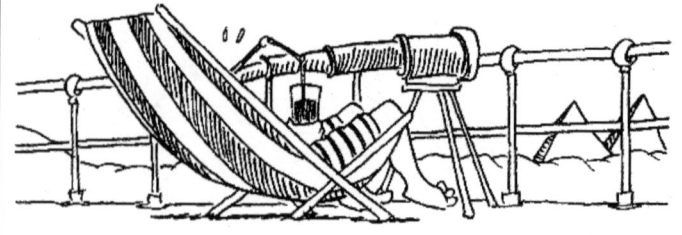

2. d) 당연히 사람 머리로는 다리를 만들 수 없지! 그런데… 영국의 템스강 위에 세워져 있는 런던교는 대부분 돌로 만들어졌다. 그리고 다리의 양쪽 끝에는 날카로운 대못이 박혀 있다. 그 대못 끝에 매달려 있던 게 뭐냐 하면… 그렇다, 바로 배신자나 범죄자의 잘려진 머리였다! 소름끼치지?

강 위에 세워진 최초의 다리는 필시 통나무나 징검돌로 만들어졌을 것이다. 정글에서 종종 사용되는 밧줄로 만든 다리는 덩굴식물의 줄기로 만든다. 이 다리는 많이 흔들거리기 때문에 꽉 붙들지 않으면 위험하다.

사실, 다리는 강을 건너는 가장 빠르고도 쉬운 방법이다. 그렇지만 어떤 다리를 건설하느냐가 무척 중요하다. 그래, 다리를 어떻게 건설하는지 알고 싶다고?

준비물 :
- 통나무 몇 개(여러 가지 길이의)
- 돌 몇 개
- 강

해야 할 일 :

a) 긴 통나무를 강에 걸쳐 놓는다. 물론 양쪽 강둑에 닿을 수 있는 길이의 통나무를 사용해야지. 축하한다! 간단하게 다리가 만들어졌네! 폭이 좁은 강을 건널 때에는 통나무 다리가 안성맞춤이다.

b) 강이 더 넓으면 통나무는 더 길고 더 튼튼해야 한다. 안 그러면, 다리를 건널 때 다리 한가운데가 쑥 꺼질지도 모른다!

c) 정말로 폭이 넓은 강이라면, 통나무들을 연결해서 다리를 만들어야 한다. 통나무들을 받쳐 주는 바위를 먼저 물 속에 설치해야 한다. 이 바위들을 전문 용어로 교각이라고 한다.

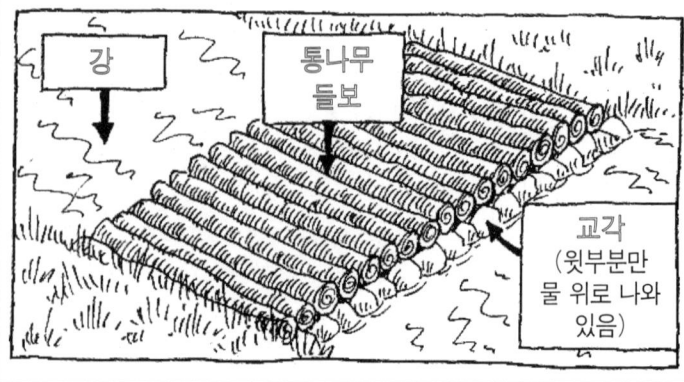

참고 : 강이 아주 깊고 강폭도 아주 넓다면, 들보 다리를 놓을 수가 없다. 그만큼 통나무나 교각이 엄청나게 커져야 하기 때문이다. 이런 강에는 현수교를 놓아야 한다. 현수교는 높은 탑에 걸쳐 놓은 긴 강철 케이블에 매달려 있는 다리이다. 현수교는 길이 1km 이상의 다리도 놓을 수 있다. 물론 그것은 전문 공학자만이 할 수 있는 일!

★ 요건 몰랐을걸!

강 위에서 장난치는 것은 위험하다. 미끄러져 강물 속으로 빠지지 않도록 조심하라! 강물은 생각보다 깊을 수도 있고, 여러분을 휩쓸어 가 버릴 만큼 센 물살이 흐를 수도 있으니까.

3. 터널을 뚫는 것도 좋은 방법이지만, 아주 조심하지 않으면 안 된다. 전문가라 하더라도, 수중 터널 공사는 아주 힘든 것이거든. 부드러운 강바닥의 바위 아래를 뚫고 지나가야 하기 때문에 터널 천장이나 벽이 쉽게 붕괴할 위험이 있다. 그래서 브루넬과 같은 최고의 공학자도 수중 터널 공사를 할 때, 터널을 뚫기 위한 특수 기계를 고안해야 했다. 그 기계는 바위를 뚫고 들어가면서 천장을 받쳐 주어 작업자들이 안에서 터널이 나아갈 진행 방향을 찾는 것을 보호해 주었다. 참 현명한 생각이지, 안 그래? 브루넬은 나무에 구멍을 뚫는 연체동물을 보고서 이 아이디어를 떠올렸다고 한다. 지금 우리가 사용하고 있는 현대식 터널 굴착 기계들은 모두 브루넬이 고안한 아이디어를 바탕으로 하고 있다.

4. 수영을 해서 건넌다는 건 정말 좋은 생각이다. 대신에 돼지 방광을 사용하는 것은 좀 그렇다. 그리고 강을 건널 때에는 수중보를 조심해야 해. 수중보는 강물을 차단해 깊은 웅덩이를 만들어 놓거든. 수중보는 가끔 물에 잠겨 있어 눈에 띄지 않을 때가 있는데, 그래서 더욱 위험하다. 한번 그 웅덩이에 휩쓸려 들어가면 헤어 나오기가 거의 불가능할 것이다. 작은 배를 타고 갈 때에도 위험할 수 있다.

5. 놀랍게도, 이 방법을 사용하는 사람들이 많다. 믿기 어렵겠지만, 장대높이뛰기 경기가 생긴 유래도 사람들이 강을 건너기 위한 데서 비롯되었다고 한다. 강폭이 좁으면 충분히 가능하다. 그렇지만 강폭이 넓은 곳에서는 아주 멀리 뛰어야 할걸. 안 그러면 물 속으로 착지할 테니까.

그래서 어떤 방법이 가장 효과적이냐고? 실은, 강마다 모양이나 크기가 제각각 다르기 때문에 어떤 방법이 더 좋다 나쁘다고 할 수가 없다!

> ★ **요건 몰랐을걸!**
> 배를 탈 수 없을 정도로 강이 좁고 얕을 때에는 어떻게 해야 할까? 강을 넓히고 깊게 만들자고? 그럴 수 있다면야 좋지! 북아메리카에 있는 세인트로렌스 강이 바로 그러한 경우이다. 공학자들이 강의 양쪽 끝에다 운하를 만들어서 지금은 배들이 대서양에서 출발해 3769 km를 여행하여 8일 만에 5대호를 횡단할 수 있게 되었다. 한 가지 문제점은, 겨울철에는 강이 얼어붙어 항해를 방해한다는 것! 이것은 공학자들도 어떻게 손을 쓸 수가 없었다.

이제 강 하면 치명적인 질병, 공포의 야생 동물, 물이 새는 카누 등등 무시무시한 것만 생각난다고? 그렇지만 그건 잘못된 생각이다. 암, 잘못된 생각이고말고.

그래도 지금까지 소개한 강들은 꽤 점잖은 편이었다. 이제부터가 진짜다. 자, 강물에 휩쓸려 갈 마음의 준비를 단단히 하라! 이제부터는 강의 다른 면을 보게 될 것이다. 지금까지는 한 번도 본 적이 없는…. 그러니까 강이 본색을 드러내는 굉장한 광경을 보게 될 것이다….

분노의 강물

선생님께서 화를 낼 때 조심해야 하는 것처럼 강물이 화를 낼 때에도 조심하지 않으면 안 된다. 부드럽고 잔잔하기만 하던 강물이 어느 순간 갑자기 난폭하게 돌변할 때가 있다. 주위에 있는 강이 이렇게 화를 내면 빨리 피하는 게 상책! 분노한 물살이 몰아치면 모든 것을 휩쓸어 가 버리거든. 여러분도 예외일 순 없다! 그리고 강물이 도대체 언제 변덕을 부려 돌변할지 전혀 감을 잡을 수가 없다….

홍수란 무엇인가?

홍수에 대해 알고 싶지만, 물살에 휩쓸려 떠내려갈까 봐 걱정이라고? 그렇다면 우리의 유능한 안내인 막무가내의 설명을 들어 보자….

그래, 대체 홍수가 뭐요?

강에 물이 너무 많이 흘러 강둑을 넘어 흘러넘치는 것이지요. 간단하죠? 컵에 음료수를 너무 많이 부어 넘쳐흐를 때를 생각하면 되죠.

이제 알겠어요. 그런데 홍수는 왜 일어나는 거죠?

홍수는 짧은 시간 내에 엄청난 양의 비가 집중적으로 내릴 때 일어나지요. 그러면 강은 그 많은 양의 빗물을 감당할 수 없게 되거든요. 눈이 녹은 물이 쏟아져 내려오거나 댐이 무너질 때에도 홍수가 일어납니다. 또, 태풍이나 해일이 몰아 닥칠 때에도 홍수가 일어날 수 있죠.

 세상에! 그럼, 그 많은 물이 어디로 흘러가나요?

범람원으로 흘러들어가지요. 범람원은 강 양쪽에 형성된 평지로, 평상시에는 마른 땅입니다. 범람원은 폭이 불과 수 m에서 수백 km까지 크기가 다양하며, 강물이 운반해 온 진흙과 모래로 덮여 있어요.

왜 땅 속으로 물이 흡수되지 않나요? 그러면 강이 범람을 해도 별 탈이 없을 텐데 말이에요.

좋은 지적입니다. 하지만, 생각처럼 그렇게 간단한 게 아니에요. 비가 한꺼번에 많이 오면 땅은 짧은 시간 안에 그 많은 물을 다 흡수하지 못하죠. 그래서 범람한 물이 땅 위로 그냥 흘러가게 되는 겁니다.

그렇다면 홍수는 정말 위험한가요?

위험할 수도 있고, 위험하지 않을 수도 있어요. 어떤 강은 해마다 범람하지만, 큰 피해를 주지 않아요. 하지만, 큰 홍수는 심각한 피해를 입힌답니다. 논과 농작물을 물에 잠기게 하고, 마을과 건물을 휩쓸면서 재산과 인명 피해를 가져옵니다. 실제로 큰 홍수는 어떤 자연 재해보다 많은 인명과 재산을 앗아 갑니다. 사상 최악의 홍수는 1931년에 중국의 황허에서 일어난 것으로, 400만 명이 죽고 8000만 명의 사람들이 집을 잃었다고 합니다. 정말 끔찍하죠?

그러면 강가에서 살지 말고 안전한 곳으로 이사 가면 되잖아요?

그게 말처럼 그리 쉬운 게 아니에요. 많은 사람들이 좁은 국토에서 살기 때문에 선택의 여지가 없는 경우가 많아요. 게다가, 범람원의 토질이 비옥해서 위험을 무릅쓰며 그 곳에 살려고 하지요.

> 그러면 어떤 강을 조심해야 하나요?

조건만 갖추어지면 대부분의 강은 언제든지 흉폭하게 돌변합니다. 하지만, 그 중에서도 세상에서 가장 위험한 강은 중국의 양쯔 강이죠.

오늘의 세계 신문

1998년 8월 2일 일요일, 중국 동부 후난 성

강물의 수위가 점점 높아지면서 수천만 명의 사람들이 공포에 떨다

지난 두 달 동안 세 차례나 범람한 양쯔 강 인근에 사는 수천만 중국인들이 일 주일이 지난 지금까지 홍수 경보 속에서 떨고 있다. 오늘 양쯔 강의 수위는 또다시 최고치를 갱신하면서 불안에 떨고 있는 주민들을 더욱더 공포 속으로 몰고 갔다.

봄부터 수위가 올라가기 시작했던 양쯔 강은 허약한 제방에 큰 압력을 주었다. 양쯔 강 제방 주변에는 약 2억 명의 주민이 살고 있다. 수위가 잔뜩 올라간 물이 하류로 밀려 내려가자, 하류 지역의 주민들은 공포에 떨기 시작했다.

주민 중 한 사람은 다음과 같이 말했다. "우린 재앙을 막아 달라고 기도하고 있어요. 진흙으로 제방을 높이 쌓긴 했지만, 무서운 강물이 밀고 내려오면 제방은 무너지고 말 것이고, 우린 모든 걸 잃게 될 것입니다."

제방을 쌓고 있는 사람들

몇몇 지역의 제방은 이미 붕괴되었다. 그리고 여러 마을이 깊이 2 m의 물 속에 잠겼다. 올해에 일어난 홍수로 이미 2500여 명의 인명이 희생되었고(현재 그 수는 점점 늘어나고 있다), 수백만 명의 주민들이 집을 잃었다.

어떤 사람들은 지붕 위에서 며칠 동안 끊임없이 밀려오는 물살을 멍하니 바라보고 있을 수밖에 없었다. 목숨을 하늘에 맡긴 채 말이다.

물 속에 잠긴 집들의 지붕

그런데 또 다른 위험이 도사리고 있다. 의사들은 전염병이 크게 번질 것이라고 경고했다. 일부 지역에서는 이미 범람한 강물이 식수를 오염시켰으며, 수백만 명이 질병과 설사로 고생하고 있다.

병자들을 병원으로 옮기는 일 또한 쉽지 않다.

한 목격자는 이렇게 말했다. "환자들을 배에 태워 병원으로 싣고 가는 걸 봤어요. 그렇지만 병원도 이미 1층이 물에 잠겼는데, 그 사람들이 병원에 잘 들어갔는지 모르겠어요."

그렇다면 이 자연 재해에 대해 누구를 탓해야 하는가? 이것은 많은 사람들이 궁금하게 생각하는 질문이다. 사실, 양쯔 강은 오랜 옛날부터 상습적으로 홍수를 일으켰다. 그러나 올해 쏟아진 폭우는 최악의 사태를 초래했다. 어떤 사람들은 정부가 제방 건설에 충분한 재정 지원을 하지 않았다고 비난했다. 획기적인 조처를 취하지 않으면 똑같은 재난이 계속 반복될 것이다.

자신의 집과 논밭 및 모든 재산이 물살에 떠내려가는 것을 지켜보았던 한 농부는 "이제 아무것도 남은 게 없다. 처음부터 다시 시작해야 한다"고 말했다.

그러나 재난은 이번만으로 끝나지 않을 것이다….

진상 조사 X-파일

이름 : 양쯔 강
위치 : 중국
길이 : 6418 km
수원지 : 티베트의 겔란단동 산
유역 : 168만 3500 km²
하구 : 상하이 근처에서 동지나해(태평양의 일부)로 흘러들어 간다.
놀라운 사실 :
- 중국에서는 양쯔 강을 장강(長江), 긴 강이라고도 불렀다. 전설에 따르면, 이 강은 어떤 여신이 판 것이라고 한다.
- 나일강과 아마존 강에 이어 세계에서 셋째로 긴 강이다.
- 중국에서 생산되는 쌀의 3/4이 양쯔 강 주변의 범람원에서 수확된다.

★ 요건 몰랐을걸!
지리학자들은 1998년의 양쯔 강 홍수를 100년 만의 홍수라 부른다. 이 말은 정확하게 무슨 뜻일까? 홍수는 일어나는 횟수에 따라 등급이 매겨지는데, 자주 일어날수록 차라리 낫다고 한다. 1년 만의 홍수는 1년에 한 번꼴로 일어나니까, 그다지 큰 피해를 입히지 않는다. 그러나 100년 만의 홍수라면, 100년에 한 번꼴로 일어나는 엄청난 홍수를 의미한다. 그렇다면 그 피해가 얼마나 클지 짐작할 수 있겠지? 그런데 100년 만의 홍수는 아무것도 아니다! 1952년, 영국의 린머스 주민들은 5만 년 만의 홍수를 맞이해 마을이 완전히 쑥대밭으로 변하는 걸 보고 공포에 떨었다.

그래도 다행인 것은 그런 큰 홍수는 한동안은 일어나지 않는다는 것이지(반드시 100년을 기다려야 하는 것은 아니지만)!

나도 홍수 전문가가 될 수 있을까?

일단 강이 범람하면, 과학자도 어떻게 손쓸 방법이 없다. 그렇지만 다음에 어디서 홍수가 날지 열심히 연구할 수는 있다. 그래서 언제 어디서 홍수가 일어날지 미리 알아 내 홍수 경보를 발령해 사람들을 대피시킬 수 있다. 그러나 이것 역시 말처럼 쉬운 일은 아니다. 홍수는 아주 변덕이 심하거든.

홍수 전문 수문학자(홍수를 연구하는 과학자를 고상하게 일컫는 말)가 되려면 어떤 것들을 공부해야 하는지 알고 있는가?

멋있는 직업 소개

이젠 땅을 밟고 사는 게 지겨우시다고요?
현재의 생활에 싫증이 나 새로운 삶을 살고 싶으시다고요?
빠른 물살을 가르며 환상에 젖어 보고 싶으시다고요?
그렇다면 수문학자가 될 수 있는 이 곳에 가입하세요.

- 야외 생활을 좋아하고, 수영을 잘 해야 합니다.

- 수학을 잘 하고, 그래프(특히, 강물의 흐름)도 잘 그려야 합니다.

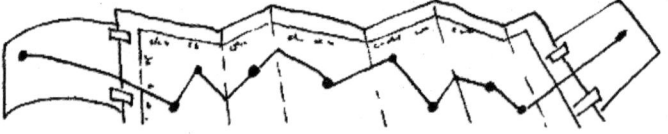

- 발이 물에 젖는 걸 신경쓰지 않아야 합니다.

- 완벽한 훈련 과정 제공!

관심 있으시다고요? 해당 지역의 직업 안내 센터에서 가입 신청을 받습니다.
당신의 미래를 출렁출렁 강물이 보장해 드립니다!

막무가내가 귀띔해 주는 홍수 예측법

1. 주변에 있는 강에 대해 잘 알아야 한다.

주변의 강을 잘 연구하고, 그 강이 어디서 어떻게 구부러지는지까지 세세하게 알아야 한다. 가장 중요한 것은, 비가 내릴 때 강이 어떻게 변하는지 아는 것이다. 다음 두 가지 질문에 답해 보라.

a) 내린 비의 양은 얼마나 될까? 강우량을 재려고 각종 측정 도구를 동원할 필요는 없다. 부엌에 있는 계량 컵으로도 충분히 잴 수 있으니까.

그러나 과학자들은 레이더와 기상 관측 인공 위성까지 동원해 비가 올 조짐이 보이는 하늘을 자세히 연구한다.

b) 강물의 수위가 얼마나 올라갔는가? 과학자들은 하천 감지기라는 근사한 도구를 가지고 강의 수위를 측정하여 그 결과를 컴퓨터에 저장한다.

c) 어떤 수문학자들은 한술 더 떠서 강을 모형으로 만든다. 곡류나 범람원도 만들어 놓고 홍수를 직접 일으켜 본다. 이 실험으로 홍수 때 제방과 둑이 제대로 대처할 수 있는지 알아본다.

2. 강의 발달 과정을 도표로 만든다.

그 다음, 강에 관한 모든 정보를 컴퓨터에 입력한다. 컴퓨터는 수많은 복잡한 수식들을 처리해 그 결과를 도표로 나타내 줄 것이다(그렇지만 여러분은 컴퓨터가 제대로 일을 처리했는지 확인해야 한다. 그래서 수학을 잘 하는 게 필요하다). 그 도표는 비가 오면 강이 어떻게 변하는지, 그리고 홍수가 나기까지 시간이 얼마나 걸리는지 알려 준다. 이러한 사실로부터 홍수가 일어날 가능성이 얼마나 되는지, 언제 대피를 해야 하는지 알 수 있다….

3. 홍수 경보를 발령한다.

폭우가 쏟아지고 강의 수위가 순식간에 올라가면, 바로 그때가 홍수 경보를 울려야 할 때! 영국의 경우, 홍수 경보는 위험 등급에 따라 색깔이 다르다.

■ 황색 경보 : 강 주변의 저지대 논밭이나 도로가 침수될 위험에 처할 경우.

■ 주황색 경보 : 강 근처의 외딴 주택지나 넓은 농경지가 침수될 위험에 처할 경우.

■ 적색 경보 : 대부분의 농경지와 도로, 주택이 심각하게 침수될 위험에 처할 경우.

그런데 여러분의 홍수 경보는 과연 얼마나 믿을 수 있을까? 그것은 홍수가 밀려와서 끝나기 전까지는 알 수 없다. 문제는 홍수가 예측 불허의 존재라는 데 있다. 언제 홍수가 일어날지 정확하게 알아맞힌다는 것은 늘 힘든 작업이다. 미시시피 강처럼 큰 강은 일 주일 정도 전에 홍수 경보를 발령할 수 있는 여유가 있지만, 갑자기 발생하는 홍수(갑작스런 집중 호우로 수위가 급격하게 올라가는 경우)는 주민들을 대피시키기까지 단 몇 시간의 여유밖에 없다.

강물을 막아라!

"치료보다 예방이 낫다"라는 말뜻을 아는가? 이가 썩고 나서 치과에 가는 것보다는 열심히 양치질을 해 충치를 예방하는 게 낫다는 뜻이지. 이건 사람들의 행동에 관한 격언인데, 홍수에도 적용된다. 이미 밀려오는 홍수를 막을 수는 없지만, 피해를 줄일 수 있는 방법은 있다. 어떻게 하느냐고? 음···. 우선은···.

■ 나무를 심는다. 그 효과는 다음과 같다.
1. 식물의 잎들은 빗물이 땅에 떨어지기 전에 잠시 붙들어 두는 역할을 한다. 그래서 숲에 내리는 빗물의 3/4은 이런 식으로 일단 차단된다.
2. 식물의 뿌리는 흙으로부터 물을 흡수하고, 또 흙을 단단하게 붙드는 역할을 한다.

문제는 땔감이나 농경지 조성을 위해 나무를 마구 베어 버린다는 거지. 그래서 비가 오면 그대로 강물로 흘러들어간다. 또, 빗물이 운반해 온 흙이 강바닥에 쌓여 강바닥이 높아짐으로써 홍수가 더 쉽게 일어나게 된다.

■ 강의 모양을 변화시킨다. 강을 똑바로 흐르게 하고, 더 넓고 깊게 만든다. 그러면 강물이 빠른 속도로 바다로 곧장 흘러가게 된다. 이를 위해서는 준설기라는 기구가 필요하다.

■ 강물의 흐름을 바꾼다. 배수구나 수로를 만들어 강물의 흐름을 바꾼다. 이렇게 하면 여분의 물을 저장할 수 있는 이점도 있다. 이렇게 홍수를 막기 위해 물의 흐름을 바꾸어 주는 수로를 방수로라고 한다.

■ 댐에 물을 가둔다. 댐은 강물의 수위를 조절하는 데 아주

유용하다. 그러나 과연 그럴까? 수문학자에게 물어 보자구! 그런데… 학자들의 대답이 일치하지 않는군. 우선, 의견을 달리하는 두 사람 얘기부터 들어 볼까?

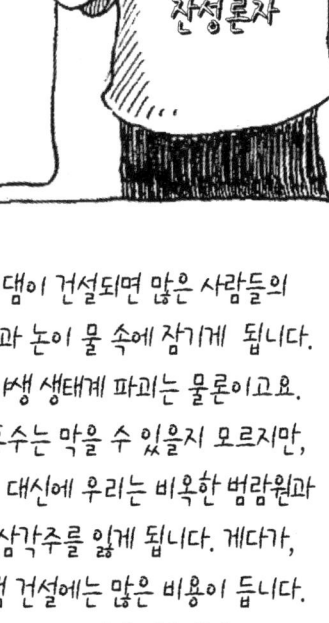

댐은 홍수를 막아 주는 아주 훌륭한 역할을 합니다. 여러분도 댐이 얼마나 유용한지 모두 아실 겁니다. 그리고 댐은 식수와 농업 용수를 지속적으로 공급해 줍니다. 게다가, 전기를 값싸고 깨끗하게 생산해 내기도 하지요. 더 궁금하신 게 있나요?

댐 건설 찬성론자

댐이 건설되면 많은 사람들의 집과 논이 물 속에 잠기게 됩니다. 야생 생태계 파괴는 물론이고요. 홍수는 막을 수 있을지 모르지만, 그 대신에 우리는 비옥한 범람원과 삼각주를 잃게 됩니다. 게다가, 댐 건설에는 많은 비용이 듭니다. 그리고 또 만약 많은 물을 가두고 있던 댐이 무너지면 어떻게 하죠?

댐 건설 반대론자

어느 쪽 말을 믿어야 할지 정말 판단하기 어렵다!
■ **제방을 쌓는다.** 홍수를 막는 가장 오래 된 방법 중 하나는 제방을 높이 쌓는 것이다. 진흙으로 쌓을 수도 있고, 콘크리트 제방을 만들 수도 있고, 둑길을 만들 수도 있다. 그런데 이것은 과연 효과가 있을까? 그 답은 그럴 수도 있고, 아닐 수도 있다는 것이다. 미시시피 강의 제방은 강을 따라 수천 km나 뻗어 있다. 오랫동안 이 제방은 그런 대로 강의 범람을 막는 중요한 역할을 수행해 왔다. 그런데 제방에 물이 새기 시작하자, 어떤 일이 일어났는지 아는가? 그 끔찍한 이야기가 다음에 소개된다….

진상 조사 X-파일

이름 : 미시시피 강
위치 : 미국
길이 : 3780 km
수원지 : 미국 미네소타 주의 아이타스카 호수
유역 : 325만 6000 km²
하구 : 거대한 삼각주를 거쳐 멕시코 만(대서양의 일부)으로 흘러간다.
놀라운 사실 :
■ 미시시피 강의 지류인 미주리 강은 실은 미시시피 강보다 350 km나 더 길다. 두 강은 세인트루이스 근처에서 만난다.
■ 뉴올리언스라는 도시는 여러 개의 긴 제방으로 보호되고 있다. 뉴올리언스의 땅이 강물의 수위보다 낮기 때문에 그럴 수밖에 없다!
■ 미시시피 강의 별명은 노인강과 진흙탕강이다.
미시시피 강에 관한 한 마디 : "아무도 무지막지한 미시시피 강을 길들일 순 없다." —마크 트웨인

1993년 여름, 대홍수가 지나간 후

걸핏하면 홍수가 일어나는 미시시피 강 주변에는 수백만 명의 주민이 살고 있다. 다행스럽게도, 상황은 점점 나아지고 있었다. 20년 전에 큰 홍수를 겪고 나서 제방과 둑을 높이 쌓고, 새로운 댐과 방수로를 건설해서 이제 홍수는 먼 옛날의 일로만 여겨졌다.

이 새로운 대비책들은 잠시나마 주민들을 안심시켰다. 그런데 주민들이 정말로 안심했을까? 그랬다. 그 해에 사상 최고의 비가 내렸는데도 끄떡없었거든. 이 곳의 홍수는 대개 봄에 일어나고, 여름에는 강물이 줄어드는 게 정상이었다. 그런데 그 해 여름에 일어난 일은 모든 사람들을 깜짝 놀라게 했다. 비도 내리지 않았는데, 강물이 갑자기 불어나더니 물살이 평상시보다 6배나 빨라지고, 강물의 수위도 평상시보다 7 m나 높아졌다. 강물은 삽시간에 진흙탕물로 변해서 세차게 흘렀다.

결국 새로운 홍수 대비책은 실패로 끝나고 말았다. 일리노이 주 한 곳에서만 17개의 제방이 압력을 못 이기고 붕괴하고

말았다…. 그 중에는 밸메이어란 작은 마을을 보호하던 제방도 포함돼 있었다. 주민들은 물살을 막기 위해 밤낮을 가리지 않고 모래 주머니를 갖다 쌓았다. 그러나 이러한 노력에도 불구하고, 마을로 밀려오는 거센 물살을 끝내 막을 수는 없었다.

 다행히 마을 사람들은 물살이 밀려오기 전에 미리 대피했다. 단 한 사람만 죽고, 다친 사람은 전혀 없었다. 그래서 모두들 이만하길 다행이라며 안도의 한숨을 내쉬었다.
 3주 후, 마을로 돌아간 주민들은 대대적인 복구 작업을 벌였다. 밸메이어는 그야말로 물에 흠뻑 젖은 유령 마을로 변해 있었다. 유리창은 모두 깨지고, 전기도 끊기고, 두꺼운 진흙이 온 도시를 뒤덮고 있었지. 거대한 늪지에서 날아온 모기 소리만이 음산한 도시의 정적을 깨뜨리고 있었다.

어떤 사람은 흙더미로 변한 자기 집을 바라보며 이렇게 말했다. "가슴이 아파요. 평생 이 집에서 살아 왔는데 모든 게 사라졌어요. 사방이 진흙투성이예요. 하지만, 살아남은 것만도 다행으로 여겨야죠. 게다가, 재난으로 마을 사람들의 공동체 의식이 강해졌어요." 집은 4채만이 제 모습을 간직하고 있었고, 나머지는 모두 흙더미로 변해 있었다. 그리고 개구리와 메기, 독사들이 집 안을 차지하고 있었다. 주민들은 마을을 다시 건설해야 했다(그 후, 9월에 한 번 더 마을이 홍수에 잠기자, 마을 전체가 좀더 높고 건조한 지대로 옮겨 갔다).

1993년의 대홍수는 미국 역사상 최악의 자연 재해였다. 북한보다 좀더 큰 면적이 침수되고, 7개 주가 재해 지역으로 선포되었다. 이 대홍수는 100억 달러의 재산 손실, 50여 개의 마을 침수, 4만 3000여 채의 가옥 유실, 7만여 명의 이재민을 낳았다. 게다가, 수백만 에이커의 농경지까지 물에 휩쓸려 사라졌다. 전체 제방 중에서 겨우 1/4만이 무너지지 않고 남았다.

★ 요건 몰랐을걸!
런던과 같은 대도시가 홍수로 인해 물에 잠긴다고 상상해 보라! 온통 난리가 나겠지? 바닷물이 템스 강으로 밀려 들어오면 그러한 홍수가 일어날 수 있다. 이런 재난을 막기 위해 1984년에 영국은 템스 강에 거대한 장벽을 설치했다. 그래서 만조 때 해수면이 높아지면, 10개의 강철 문이 강바닥에서 솟아올라 거대한 댐으로 변한다. 이 거대한 장벽은 지금까지 30차례나 작동했다고 한다….

막무가내의 홍수 경고

여러분 혼자서 댐을 건설할 수 없거나 숙제 때문에 시간이 없어서 홍수를 피하지 못할 경우, 어떻게 해야 할까? 다음의 '해야 할 일'과 '해서는 안 되는 일'을 잘 기억해 두어라. 그러면 물에 잠기는 신세는 면할 테니까.

해야 할 일….
- 라디오를 켜 놓고 홍수 경보가 발령되는지 경청한다.

또는, 사이렌 소리가 들리는지 귀를 기울인다. 어떤 나라는 전화로 홍수 경보를 알려 주기도 한다. 여러분이 전화를 이용할 수만 있다면 말이다….
- 가스와 전기 스위치를 끈다. 물과 전기가 만나면 폭발이 일어나거든. 절대로 물 묻은 손으로 전기 제품을 만지지 말것! 물은 전기가 잘 통하는 도체라서 여러분은 즉시 감전되고 말 것이다. 끔찍한 전기 충격으로 목숨을 잃을 수도 있다.
- 모래 주머니를 준비하라. 모래 주머니를 쌓아 문을 통해 물이 밀려 들어오는 것을 막을 수 있다.

- 위층으로 올라간다. 가족들과 애완 동물도 함께 데리고 간다. 값진 물건도 잊지 말고 챙길 것!

- 필요한 물품을 챙긴다. 딴 데로 대피를 하거나 집에 남아 있거나 며칠 동안 살아가는 데 필요한 각종 물품을 준비해 둬야 한다. 따뜻한 옷, 담요, 음식, 물, 손전등, 전지 등등. 이것들을 튼튼한 플라스틱 상자나 가방 같은 데 넣어 두었다가 급할 때 들고 뛰어라.
- 집을 떠날 마음의 준비를 한다. 홍수가 심각해지면 급히 이동해야 할 테니까. 강에서 멀리 떨어진 높은 지대로 대피하도록 한다. 친구들과 함께 가면 더 좋겠지.

일단 집 밖으로 나왔으면….

해서는 안 되는 일….
- 물에 잠긴 곳을 함부로 건너려고 하지 마라. 물이 무릎까지 차면, 다른 길을 찾아보라. 물 속은 보기보다 더 깊을 수도 있다. 또, 물 밑에 잠겨 있는 길이 떠내려가고 없을 수도 있다.

- 자동차를 운전하지 마라. 최소한 침수된 지역을 지나가려고 해서는 안 된다. 물살이 세서 차가 떠내려갈지도 모른다. 게다가, 고장이라도 나면 자동차는 그 즉시 죽음의 함정으로 변하고 만다. 물이 창문까지 차 오르면 수압이 높아서 문을 열 수 없게 된다. 그래도 운전을 꼭 해야 한다면, 출발 전에 창문을 반드시 열어 두어라. 그래야 차 안팎의 압력이 같아지니까.
- 강물을 마셔서는 안 된다. 아무리 목이 마르더라도 온갖 오물이 섞여 있는 진흙탕 물을 마시려고 하지 마라. 온갖 세균이 들끓고 있을 테니까. 집 안에 머물고 있다면, 욕조에 깨끗한 물을 받아 둔 다음, 그 물을 끓여서 먹도록 하라.

- 강변에서 야영을 해서도 안 된다. 지금은 마른 땅이더라도 순식간에 물이 불어 떠내려갈 수도 있다.

- 빠른 물살과 달리기 시합을 하려고 하지 마라. 여러분이 아무리 빨리 달린다고 자부하더라도, 물살은 곧 여러분을 따라잡고 만다….

수문학자처럼 평생 물만 연구하다가는 물렁물렁한 사람이 되는 게 아닐까 의심이 든다고? 그러나 수문학자들은 보기처럼 그렇게 물렁물렁하거나 한가로운 사람들이 아니다. 그들은 홍수를 막기 위해 지금도 발이 닳도록 여기저기 뛰어다니면서 연구에 몰두하고 있다. 그들 덕분에 홍수 경보가 제때에 발령되어 주민들이 신속하게 대피할 수 있다. 그렇지만 일기 예보가 100% 적중하는 건 아니다! 왜냐고? 홍수는 예측 불허의 자연 재해라고 했잖아!

지저분한 강물

강물을 괴롭히지 말자. 우리에게 수많은 혜택을 주는 강물에게 우리는 무슨 짓을 하고 있는가? 안타깝게도, 우리는 강물을 더럽히고 엉망으로 만들고 있다. 얌체인 사람들은 강물을 실컷 더럽혀 놓고는, 나중에 '죽은 강'이 되었다고 선언만 하잖아? 그러나 사람들이 마시는 물도 강물에서 오는 것이니까, 모든 강물이 오염되면 결국은 사람들도 죽고 말 것이다. 그렇다면 대체 왜 강물이 더러워진 것일까?

직접 해 보는 실험: 썩은 물 만들기

준비물:

- 지저분한 하수도 물(강물로 흘러들기 전에 하수도 물은 대개 하수 처리장에서 정화되지만, 그냥 강으로 흘려 보내는 경우도 많다!)
- 공장 폐수(이 물에는 유독한 금속 물질이나 화학 물질이 섞여 있을 수 있으니 주의할 것)
- 화학 비료와 살충제(논에서 흘러나온)

실험 방법:

1. 모든 준비물을 강에다 붓고, 썩을 때까지 놓아 둔다.

2. 병과 깡통 몇 개를 물 위에 띄운다.

3. 그 물을 한 그릇 떠서 선생님께 대접한다!

★ 요건 몰랐을걸!

썩은 물은 한 모금만 마셔도 인체에 치명적인 영향을 미칠 수 있다. 깨끗한 물이라고 생각되는 물도 자세히 살펴보면 온갖 세균이 들어 있는 경우가 많다. 특히, 사람들이 각종 쓰레기와 오물을 던져넣고 있는 강물은 더더욱! 그러나 위험에 처해 있는 것은 사람들뿐만이 아니다. 오염된 강물은 수백 여종의 동식물을 죽인다. 희귀종인 양쯔강돌고래는 지금 강의 오염으로 멸종 위기에 처해 있다. 문제는 이것뿐만이 아니다. 돌고래는 청각으로 길을 찾는데, 강을 지나다니는 선박이 너무 많아 그 소음으로 길을 제대로 찾지 못하고 배와 충돌해 죽기도 한다.

진상 조사 X-파일

이름 : 갠지스 강
위치 : 인도와 방글라데시
길이 : 2510 km
수원지 : 히말라야 산맥의 강고트리 빙하
하구 : 벵골 만에서 인도양으로 흘러들어간다.
유역 : 97만 5900 km²
놀라운 사실 :
- 방글라데시에서 브라마푸트라 강과 합류하여 세계에서 가장 큰 삼각주로 흘러들어간다.
- 삼각주를 따라 거대한 맹그로브 늪지가 뻗어 있다. 이 곳은 식인 악어와 호랑이의 천국이다.
- 갠지스 강의 범람원에 약 5억의 인구가 밀집해 살고 있다.

갠지스 강의 정화

갠지스 강 주변에 수억 명의 사람들이 살고 있기 때문에 갠지스 강은 식수원이자 하수도 역할을 모두 한다. 게다가, 하수 처리장을 세울 돈이 없어 더러운 하수와 유독한 화학 물질이 그대로 강물로 흘러들고 있다. 그뿐만이 아니다….

많은 사람들은 갠지스 강을 신성하게 여겨 강물에 목욕하면 죄가 씻긴다고 믿는다. 사람들은 죽어서도 갠지스 강으로 온다. 시체를 화장한 다음, 뼛가루를 강에다 뿌리는 것이다. 때로는 동물 시체나 사람 시체를 그냥 강물에 던지기도 한다. 끔찍하게 들리겠지만, 인도 사람들은 이것을 아주 중요한 의식으로 여긴다. 문제는, 이러한 의식이 갠지스 강에 악영향을 끼친다는 거지. 갠지스 강의 일부는 이제 너무 오염이 심해서 사람들의 건강을 심각하게 해칠 정도가 되었다.

1985년에 상황이 악화되자, 마침내 대대적인 강물 정화 운동이 시작되었다. 그 중 하나는 수백 개의 하수 처리 시설을 건설하는 것이었다(경고! 비위가 나쁜 사람은 다음 내용을 읽지 말 것!). 그리고 또 하나의 계획은 강에 거북들을 풀어 놓는 것이었다. 그렇다! 거북으로 하여금 시체를 먹어 치우게 하려는 계획이었지. 끔찍하지만 기발한 생각이지?

과연 효과가 있었을까? 더럽던 갠지스 강에는 이제 깨끗한 물이 흐르고 있을까? 그렇진 않지만, 강물이 약간 깨끗해진 것은 사실이다. 물론 강에 풀어 놓은 거북들이 어느 정도 기여했는지는 아무도 알 수 없는 일이지만….

★ 요건 몰랐을걸!
1858년, 템스 강의 악취가 너무 심해서 템스 강변의 영국 의회에 있던 의원들은 도저히 일을 할 수가 없을 정도가 되었다.
그들은 템스 강을 '악취의 강'이라 불렀다. 그 후, 정화 운동을 펼쳐서 템스 강이 다시 깨끗해진 것은 정말 다행이다.

희망의 빛줄기

아직 절망적인 상황은 아니다. 강을 깨끗하게 만들기 위한 노력들이 활발히 전개되고 있으니까. 그 덕분에 많은 강들이 깨끗해졌다. 라인 강은 한때 '유럽의 하수구'로 불렸지만, 지금은 많이 깨끗해졌다. 원래 50년 전에 라인 강은 연어의 천국이었다(연어는 특히 오염에 민감하다). 지금 사람들은 라인 강에 다시 연어가 돌아오게 만드는 것을 목표로 삼고 있다. 이를 위해 아주 엄격한 규칙들이 시행되고 있다.

이것은 전세계의 강들에게 아주 좋은 소식이다. 그리고 여러분에게도 아주 좋은 소식이다. 머지않아 여러분은 다시 강둑으로 돌아갈 수 있을 것이다. 한 손엔 음료수 병을 들고, 다른 한 손으로는 낚싯대를 강물에 드리우고 말이다. 물론 이제는 지리 선생님이 쫓아와 여러분의 행복한 순간을 망칠 염려도 없다!

앗, 시리즈 (전 70권)

수많은 교사와 학생들이 한눈에 반한 책.

전 세계 2천만 독자의 인기를 독차지한 〈앗, 시리즈〉는 수학에서부터 과학, 사회, 역사까지, 공부와 재미를 둘 다 잡은 똑똑한 학습교양서입니다.

수학
- 01 수학이 모두 모여 수군수군
- 02 수학이 수리수리 마술이
- 03 수학이 수군수군
- 04 수학이 또 수군수군
- 05 수학이 자꾸 수군수군 1. 셈
- 06 수학이 자꾸 수군수군 2. 분수
- 07 수학이 자꾸 수군수군 3. 확률
- 08 수학이 자꾸 수군수군 4. 측정
- 09 대수와 방정맞은 방정식
- 10 도형이 도리도리
- 11 섬뜩섬뜩 삼각법
- 12 이상야릇 수의 세계
- 13 수학 공식이 꼬물꼬물
- 14 수학이 꿈틀꿈틀

과학
- 15 물리가 물렁물렁
- 16 화학이 화끈화끈
- 17 우주가 우왕좌왕
- 18 구석구석 인체 탐험
- 19 식물이 시끌시끌
- 20 벌레가 벌렁벌렁
- 21 동물이 뒹굴뒹굴
- 22 화산이 왈칵왈칵
- 23 소리가 슥삭슥삭
- 24 진화가 진짜진짜
- 25 꼬르륵 뱃속여행
- 26 두뇌가 뒤죽박죽
- 27 번들번들 빛나리
- 28 전기가 찌릿찌릿
- 29 과학자는 괴로워?
- 30 공룡이 용용 죽겠지
- 31 질병이 지끈지끈
- 32 지진이 우르쾅쾅
- 33 오싹오싹 무서운 독
- 34 에너지가 불끈불끈
- 35 태양계가 티격태격
- 36 튼튼탄탄 내 몸 관리
- 37 똑딱똑딱 시간 여행
- 38 미생물이 미끌미끌
- 39 의학이 으악으악
- 40 노발대발 야생동물
- 41 뜨끈뜨끈 지구 온난화
- 42 생각번뜩 아인슈타인
- 43 과학 천재 아이작 뉴턴
- 44 소름 돋는 과학 퀴즈

사회 · 역사
- 45 바다가 바글바글
- 46 강물이 꾸물꾸물
- 47 폭풍이 푸하푸하
- 48 사막이 바싹바싹
- 49 높은 산이 아찔아찔
- 50 호수가 넘실넘실
- 51 오들오들 남극북극
- 52 우글우글 열대우림
- 53 올록볼록 올림픽
- 54 와글와글 월드컵
- 55 파고 파헤치는 고고학
- 56 이왕이면 이집트
- 57 그럴싸한 그리스
- 58 모든 길은 로마로
- 59 아슬아슬 아스텍
- 60 잉카가 이크이크
- 61 들썩들썩 석기 시대
- 62 어두컴컴 중세 시대
- 63 쿵쿵쾅쾅 제1차 세계 대전
- 64 쾅쾅탕탕 제2차 세계 대전
- 65 야심만만 알렉산더
- 66 위풍당당 엘리자베스 1세
- 67 위엄가득 빅토리아 여왕
- 68 비밀의 왕 투탕카멘
- 69 최강 여왕 클레오파트라
- 70 만능 천재 레오나르도 다 빈치

전 세계 2천만 독자가 함께 읽는
<앗, 시리즈>